AN tSEAN-GHRÉIG

—

LOVERANCE
agus
WOOD

Seán Ó Cadhain
a d'aistrigh

AN GÚM
Baile Átha Cliath

Buíochas agus Admhálacha

Gabhann na foilsitheoirí buíochas le Bill Le Fever, a mhaisigh na leathanaigh thrédhearcacha agus an clúdach; agus leis na heagraíochtaí agus na forais éagsúla a thug cead dúinn na pictiúir seo a leanas a fhoilsiú:

Ronald Sheridan/Bailiúchán na Sean-ealaíne & na Sean-ailtireachta 4, 6, 9, 21, 34, 40, 42, 45

Músaem Ashmolea 21

Bibliotheque Nationale 30

Músaem na Breataine 7, 8, 11, 12, 14, 16, 20, 26, 28, 30, 39

C M Dixon 7, 10, 18, 19, 27, 28, 32, 35, 36, 44

Grianghraif Sonia Halliday 21

Michael Holford 11, 12, 31, 34,

Músaem Ealaíne Chathair Londan, Ciste Bronntanas Walter C Baker, 1956 15

Músaem Náisiúnta Seandálaíochta na Gréige 27

Músaem Staatliche Bheirlín/Ingrid Geske 36

Maisitheoirí:

Nigel Longden: 4, 8, 10-11, 12, 13, 14, 15, 19, 22, 23, 26, 27, 32

Bill Le Fever: Clúdach, 6-7, 17, 20-21, 22, 24, 25, 33, 36, 37, 41

Philip Hood: 31, 34-35, 38-39, 43

Finbarr O'Connor: 18, 19, 28-29, 42

Kevin Maddison: 5, 9, 44

Richard Hook: 46-47

Eagarthóir: Julia Gorton

Dearthóir na Sraithe: Nick Leggett

Taighdeoirí Pictiúr: Ann Pestell

Ceannasaí Táirgíochta: Linda Spillane

Hamlyn Children's Books, Michelin House, 81 Fulham Road, Londain SW3 6RB,
a chéadfhoilsigh sa bhliain 1992 faoin teideal SEE THROUGH HISTORY: ANCIENT GREECE

© 1992 Reed International Books Ltd

© 1996 Rialtas na hÉireann, an leagan Gaeilge

ISBN 1-85791-201-2

Computertype Tta a rinne an scannánchló in Éirinn

Arna chlóbhualadh sa Bheilg ag Proost Tta

Le ceannach díreach ón Oifig Dhíolta Foilseachán Rialtais, Sráid Theach Laighean, Baile Átha Cliath 2 nó ó dhíoltóirí leabhar.

Nó tríd an bpost ó: Rannóg na bhFoilseachán, Oifig an tSoláthair, 4-5 Bóthar Fhearchair, Baile Átha Cliath 2.

An Gúm, 44 Sráid Uí Chonaill Uacht., Baile Átha Cliath 1

AN CLÁR

Cé chomh fada is atá cónaí ar dhaoine sa Ghréig? Cérbh iad na Gréagaigh? Cárbh as iad, agus cén tuairisc atá againn orthu sa stair?

NA CHÉAD LONNAITHEOIRÍ

Tá go leor fianaise seandálaíochta ann go raibh cónaí ar dhaoine sa réigiún a dtugtar an Ghréig inniu air ón tSean-Chlochaois i leith. I gcaitheamh na mílte blianta cheansaigh muintir an réigiúin sin beithígh, shaothraigh siad barra, rinne siad earraí cré, agus ar deireadh chuir siad eolas ar an gcaoi le huirlisí oibre agus airm a dhéanamh as cré-umha.

AN CHRÉIT

Ar feadh breis is 1,000 bliain i ndiaidh na bliana 3,000 R.Ch. ba é an t-oileán is mó sa Ghréig – an Chréit – an áit ba thábhachtaí sa tír úd. Mionóigh a thugtar inniu ar phobal na tréimhse sin sa Chréit. Ainmnítear iad as rí éachtach dá gcuid, Minos, a raibh pálás áirgiúil aige in Knossos. Ba gheall le baile beag é an pálás úd taobh istigh mar go raibh go leor tithe compordacha ann a raibh a gcuid ballaí maisithe agus a raibh córas uisce iontu.

Bhrúcht bolcán millteanach tuairim na bliana 1450 R.Ch. agus chuir sé sin deireadh le sibhialtacht na Mionóch. B'fhéidir gurb as sin a tháinig an scéal faoi ilchríoch *Atlantis*, a báthadh faoi uisce, scéal a bhíodh ag na Gréagaigh ina dhiaidh sin. Níor fhan aon chuimhne sa Ghréig, áfach, ar na pobail luatha sin seachas scéal sin *Atlantis*.

NA CHÉAD GHRÉIGISEOIRÍ

Tháinig cine eile chun na Gréige as lár na hEorpa tuairim na bliana 2,000 R.Ch. Gréigis a bhí acu agus scríobhaidís síos í de réir córais iaraiglifí ar nós na nÉigipteach, i.e. pictiúr thar ceann focail nó cuid d'fhocal. Is í an Ghréigis, dar lena lán, an teanga is sine dá maireann de chuid na hEorpa mar gur féidir Gréigis an lae inniu a rianú siar go dtí an teanga úd. Níl stair níos faide ná sin ach ag an tSínis amháin sa chuid eile den domhan.

Ainmníodh an pobal Gréigiseoirí sin, na Micéanaigh, as cathair dá gcuid, Micéanae, a bhí ar an mórthír. Bhí ceannas ag an dream seo ar na tailte le hais na Mara Aeigéiche go dtí an bliain 1100 R.Ch. Ansin tháinig meath orthu. B'fhéidir gurb iad na Dóraigh – dream Gréigiseoirí ón tuaisceart a rinne ionradh orthu – ba chúis leis an meath. B'fhéidir, chomh maith, gur chlis ar na barra roinnt blianta i ndiaidh a chéile. Pé fáth a bhí leis an meath tháinig deireadh le sibhialtacht na Micéanach agus is beag atá a fhios againn i dtaobh na gceithre chéad bliain ina dhiaidh sin.

Thóg na Mionóigh roinnt pálás mór, e.g. an pálás mór áirgiúil in Knossos. Bhí sé cúig stór ar airde agus bhí 1,300 seomra ann.

SEANCHAS

Ach tá a fhios againn gur thosaigh na Gréagaigh ar aibítir a úsáid le linn na tréimhse sin, sa tslí is nár ghá dóibh a bheith ag scríobh le pictiúir a thuilleadh. D'fhág sin go raibh siad in ann a gcuid seanchais a scríobh, seachas é a chur ó ghlúin go glúin ó bhéal. Scríobh Hómar an Íliad agus an Odaisé atá bunaithe ar chogadh 10 mbliana na Micéanach in aghaidh na Traoi. Chuireadh na glúine ina dhiaidh sin de ghlanmheabhair iad agus d'aithrisíodh os ard iad.

Tá an fhíor mharmair seo a bhfuil cupán ina lámh breis is 4,000 bliain d'aois. Ar oileáin sna Ciocláidéis a rinneadh í agus tá sí ar an ealaín Ghréagach is sine dá bhfuil againn.

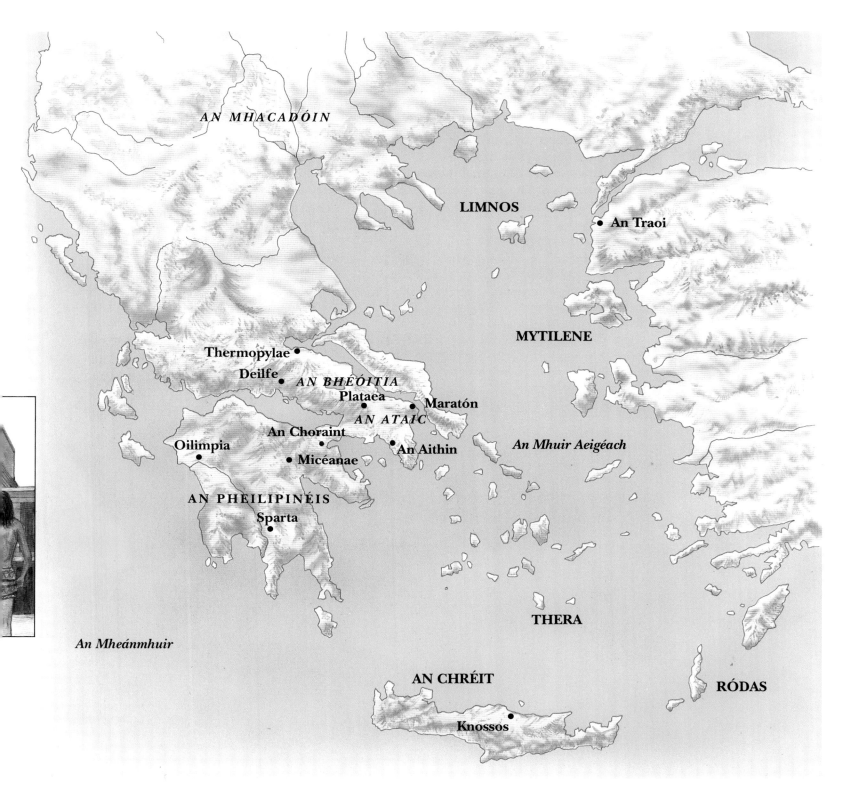

An Mhacadóin

LIMNOS

• An Traoi

Thermopylae •
Deilfe •
AN BHÉÓITIA

Plataea •

Maratón •

AN ATAIC

MYTILENE

An Choraint •

Oilimpia •

• An Aithin

An Mhuir Aeigéach

• Micéanae

AN PHEILIPINÉIS

Sparta •

An Mheánmhuir

THERA

AN CHRÉIT

RÓDAS

Knossos •

NA GRÉAGAIGH I dTREIS

Nuair a tháinig deireadh leis an Ré
Dhorcha sin ní raibh tús áite ag aon
cheantar. Is amhlaidh a bhí gach uile
cheantar agus gach uile chathair
neamhspleách ar an gcuid eile. Ina
ainneoin sin aon phobal amháin ba ea iad,
dar leis na Gréagaigh féin. Thugaidís
Heilléanaigh orthu féin agus Hellas ar a

dtír – ainmneacha atá fós in úsáid acu. Bhí
a dteanga féin acu. Ba iad na Rómhánaigh
a thug *Graecia* ar an tír. Dar leis an staraí
Gréagach Heireadótas, b'ionann a bheith i
do Heilléanach agus 'na déithe céanna a
adhradh agus na nósanna céanna a
leanúint'. Is é ábhar an leabhair seo ná saol
na sean-Ghréagach agus a dtuiscint orthu
féin.

*Tá mórthír na Gréige an-
sléibhtiúil agus ba ar an talamh
thorthúil a bunaíodh na chéad
láithreacha lonnaíochta
scaipthe. Dá bharr sin b'éigean
do mhuintir na Gréige dul i
muinín na mbád chun a gcuid
earraí a scaipeadh ar fud
oirthear na Meánmhara.*

5

AN TÍR IS A SLÉIBHTE

Chreidtí go raibh lár an domhain san áit a raibh an chloch ompholos *seo i nDeilfe.*

Aeráid the thirim a bhíonn sa Ghréig cuid mhaith den bhliain ach is minic a bhíonn an geimhreadh fuar crua. Mar sin, ba dheacair ag an bpobal fadó greim a mbéil a bhaint amach.

TALAMH SLÉIBHE
Tír shléibhtiúil í an Ghréig. Bhíodh raidhse crann ar na sléibhte sa chianaois ach nuair a mhéadaigh ar an daonra gearradh na coillte agus creimeadh an talamh a bhíodh fúthu.

Bhí dóthain talún ag bun na sléibhte le pobail bheaga a chothú. Ach bhíodh an talamh sin ag teastáil le barra a shaothrú agus mar sin ba bheag beithíoch a bhíodh acu. Is é an chaoi a gcuireadh feirmeoirí lena gcuid talún léibhinn a dhéanamh ar shleasa na gcnoc. Choinníodh an-chuid den phobal beacha meala mar go mbíodh an mhil ag teastáil le bia a mhilsiú; ní raibh siúcra ar bith ann fadó.

'Is geall le cnámharlach spíonta galraithe a bhfuil fágtha anois. Tá an ithir thorthúil ar fad ar iarraidh. Níl fágtha anois ach na sléibhte loma agus gan orthusan ach beacha.'

Platón

6

DREAM CRUA URRÚNTA

Bhain saibhreas áirithe leis an talamh: bhí marmar breá ann le haghaidh foirgniú, cré le haghaidh potaireachta, agus roinnt mianraí – mianaigh airgid na hAithine agus mianaigh iarainn Sparta a chuidigh le dul chun cinn an dá bhaile úd. Mar sin féin, saol dian a bhíodh ag na sean-Ghréagaigh agus d'éirigh siad crua urrúnta dá bharr sin. Ach bhain buntáiste mór amháin leis an tír – an aeráid bhreá a d'fhág go bhféadaidís formhór a saoil a chaitheamh amuigh faoin spéir.

Bhí pobail na Gréige dealaithe óna chéile ag sléibhte arda. Mar sin, bhíodh na pobail sin neamhspleách ar a chéile. Cathairstáit a thugtar ar a leithéidí inniu ach ní raibh iontu dáiríre ach bailte beaga. Téama mór a bhaineann le stair na Gréige is ea an dianiomaíocht a bhíodh idir na cathairstáit, go háirithe idir an Aithin agus Sparta.

COSAINT NÁDÚRTHA

Táthar in ann tiomáint trí shléibhte na Gréige sa lá atá inniu ann ach ar ndóigh, is iomaí cor atá sna bóithre. Ach ba dheacair na sléibhte a thrasnú sa tsean-Ghréig mar is de shiúl cos a dhéantaí sin.

Baineann tábhacht leis na sléibhte i stair na Gréige mar gur bhac nádúrtha iad ar ionróirí. Níor chosaint mhór iad i gcónaí, áfach, e.g. chuir na Peirsigh an cath ar na Gréagaigh i mbearna Thermopylae (na geataí teo, lgh 42 & 43) mar gur aimsigh siad bealach eile trí na sléibhte, bealach ar dhóigh leis na Gréagaigh é a bheith ina rún acu féin amháin.

GNÉITHE AICEANTA & NA DÉITHE

Ba mhór ag na Gréagaigh féin an dreach breá a bhí ar an tír. Ar mhullach Shliabh Oilimpeas (2,917 m. – an sliabh ab airde dá raibh acu) a bhí cónaí ar na déithe, dar leo. Ar an ábhar sin dhéanaidís a gcuid teampall in áiteanna áille agus bhain a lán dá ndéithe leis an dúlra – bhí déithe aibhneacha, crann, fíniúnacha agus aimsire acu. Dar leo, ba iad an tintreach agus an toirneach airm Shéas, rí na ndéithe.

FIANAISE ÓN AM ATÁ CAITE

Seachas an Aithin féin níor athraigh tírdhreach na tíre mórán ó ré na sean-Ghréige i leith. Mar sin, tá fianaise go flúirseach ann fós maidir le stair na tíre. Tá tochailt á dhéanamh ag seandálaithe agus is mór atá le foghlaim ó screamh na talún féin i gceantair tuaithe. Baineann na seandálaithe úsáid freisin as modhanna na heolaíochta le staidéar a dhéanamh ar sheanchnámha is ar phailin, rud a chuireann ar an eolas sinn i dtaobh na n-ainmhithe agus na bplandaí a bhíodh sa tsean-Ghréig.

Tógadh tearmann Deilfe – an áit ba naofa sa Ghréig – go hard ar thaobh sléibhe faoi scáth aillte Pharnassus. Théadh oilithrigh ann lena fháil amach cad a bheadh i ndán dóibh trí chomhairle a ghlacadh ón aitheascal i dteampall Apolló. Théidís sa mhórshiúl go dtí an Altóir Mhór le híobairt agus guí a dhéanamh sula dtéidís isteach sa teampall.

Tuairim na bliana 500 R.Ch. a rinneadh an fhíor chré-umha thuas. Is éard atá ann Séas, athair na ndéithe agus tiarna na bhflaitheas, agus é ar tí caor thintrí a chaitheamh le míshásamh leis an gcine daonna.

Amfara ó tuairim na bliana 520 R.Ch. Is éard atá sa léaráid dream feirmeoirí ag baint ológ le slata fada. Ina dhiaidh sin d'fháisctí an ola amach astu le fáisceáin mhóra chloiche.

7

NA GRÉAGAIGH & AN FHARRAIGE

Poiséadón, deartháir Shéas. Ba é dia na gcapall agus na farraige araon é. Tá an mhóitíf sin léirithe sa riocht atá ar an mbeithíoch miotasach a bhfuil sé ar a dhroim.

Bhíodh an trádáil ar farraige ríthábhachtach ó thaobh na hAithine de. Sheoladh longa as caladh Piréas ar fud na Meánmhara agus lastas ológ agus airgid iontu. Thugaidís ar ais cruithneacht, copar, iarann, pic, adhmad agus sclábhaithe.

Tá go leor leithinsí agus oileán thart ar an nGréig agus mar sin bhí gá ag muintir na Gréige le longa le daoine agus earraí a iompar. Mar gur tír shléibhtiúil í b'fhusa go minic seoladh ó áit go chéile timpeall an chósta ná gabháil thar na sléibhte.

AR NÓS FROGANNA

Le linn na Ré Dorcha bhí Gréagaigh cheana féin ag seoladh chuig tíortha eile ar thóir a thuilleadh talún agus saibhris. Chuaigh siad soir go cósta na Tuirce (an Áise Bheag), ó thuaidh go dtí an Mhuir Dhubh, ó dheas go cósta na Libia, siar chomh fada leis an Iodáil agus le deisceart na Fraince is leis an Spáinn.

Chuir siad coilíneachtaí ar bun sna háiteanna ina ndeachaigh siad – ba iad a chéadbhunaigh Napoli, Nice, Monaco agus Marseilles. Bhíodh ceangal áirithe idir na coilíneachtaí is na cathracha bunaidh sa Ghréig ach dáiríre ba chathairstáit neamhspleácha iad. Ba é sin an chaoi ar scaipeadh saoithiúlacht agus cultúr na Gréige thart faoi cheantar na Meánmhara. Ba éard a dúirt an fealsamh Platón gur mar a bheadh froganna thart ar lochán a bhí na Gréagaigh thart ar an Meánmhuir.

Fíor chré-umha de bhuachaill ag marcaíocht ar dheilf ó thuairim 520 R.Ch. Ba mhóitífeanna móra san ealaín Ghréagach iad an t-ochtapas, na sliogáin agus na deilfeanna.

LAOCHRA NA FARRAIGE

Bhíodh an-chuid scéalaíochta ar bun ag na Gréagaigh i dtaobh na farraige. I gcás na hOdaisé le Hómar is í an fharraige an phríomhphearsa sa scéal beagnach, agus í ag iarraidh an laoch Odaiséas a threascairt ar a bhealach abhaile go hoileán Iteaca tar éis Chogadh na Traoi. De réir scéalta eile théadh na Gréagaigh i bhfad i gcéin óna dtír féin, e.g. sa scéal faoi Jason agus na hArgónátaigh tá cur síos ar thuras na nGréagach go dtí an taobh thall den Mhuir Dhubh ar thóir Lomra an Óir (an olann a bheadh ar reithe óir).

SEANDÁLAÍOCHT MHARA

Thángthas ar roinnt déantán álainn san fharraige atá thart ar an nGréig le roinnt blianta anuas. Fuarthas dealbha cré-umha ar thomhas nádúrtha agus súile coiréil iontu ar ghrinneall na farraige. Thángthas ar longa briste agus na céadta potaí móra cria iontu ina gcoinnítí fíon nó ola ológ. Fuair tumadóirí iarsmaí 10,000 almóinn a baineadh sa Chipir (is dócha) tuairim na bliana 300 R.Ch. áit ar briseadh long. Is eolaíocht inti féin an tseandálaíocht mhara anois agus is cinnte go gcuirfidh sí tuilleadh eolais ar fáil dúinn de réir mar a dhéantar taiscéalaíocht ar ghrinneall na farraige.

TRÁDBHEALAÍ

Mhéadaigh ar an iompar ar muir de réir mar a mhéadaigh ar an éileamh ar earraí nach mbíodh ar fáil sa Ghréig féin. Ba bheag cathair a mbíodh go leor earraí dá cuid féin aici. D'fhaigheadh an Aithin arbhar ó cheantar na Mara Duibhe mar mhalairt ar ológa agus fíon. Bhíodh allmhairithe níos aistí fós ann, e.g. spíosraí as an Éigipt agus sclábhaithe as go leor tíortha éagsúla.

Mhalartaítí tuairimí agus tuiscint ar ábhair éagsúla de réir mar a mhéadaigh teagmháil na nGréagach le ciníocha eile. Bíodh is go raibh siad féin cliste oilte ar chúrsaí ghlac siad chucu féin aibítir na bhFéiníceach, matamaitic na Bablóine, agus dealbhóireacht bhreá na hÉigipte. Chuir siad sin go mór lena gcultúr féin.

DÉITHE NA FARRAIGE

Bhíodh meas ag na Gréagaigh ar an bhfarraige agus faitíos orthu roimpi. Ba dhóigh leo gur thuig siad í – bhí sí lán éisc agus deilfeanna spraíúla – ach ansin d'athraíodh sí go tobann ina stoirm agus ba dhóigh leo go mbíodh sí lán arrachtach agus déithe uafara. Deirtí go dtaispeánadh Nereus, miondia farraige, é féin mar dhuine scaití nó mar phéist farraige scaití eile. Ba é Poiséadón rí na farraige agus chreideadh na daoine go gcreathadh an domhan uile agus é ag gabháil thart ina charbad capall.

Bhí coilíneachtaí de chuid na nGréagach in go leor áiteanna thart faoi chóstaí na hEorpa, na hAfraice Thuaidh agus na Mara Duibhe. Bhíodh trádáil ar bun idir na coilíneachtaí. D'éirigh cuid acu, e.g. an Bhiosáint, níos cumhachtaí ná na cathairstáit féin a bhunaigh iad.

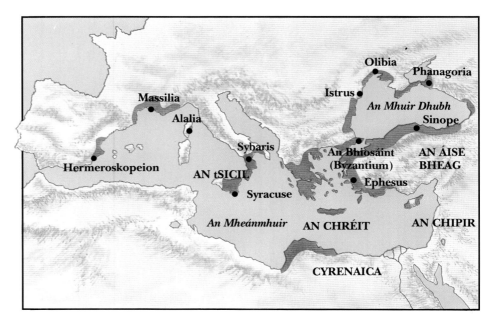

9

Dealbh mharmair í seo ó thuairim na bliana 480 R.Ch. Is éard a bhíodh sna dealbha ná fíoracha foirfe seachas macasamhla de ghnáthdhaoine.

Bhíodh an agora lán le glór an chomhrá idir dhaoine agus le glór na bhfeirmeoirí, na gceardaithe agus na gceannaithe ag díol a gcuid earraí – glór na margaíochta, na muc agus na gcearc.

Cén chuma a bhí ar na sean-Ghréagaigh? Is fíoracha foirfe atá sna dealbha ach is dócha gur gaire don fhírinne na fíoracha ar na vásaí. Ach is iad na coirp a thochail seandálaithe as an talamh an fhianaise is fearr dá bhfuil againn faoin gcuma a bhí orthu. Is cosúil gur gheall le Gréagaigh an lae inniu iad, e.g. iad beag dingthe agus gruaig dhorcha orthu agus súile dorcha acu.

SAOL FADA

Chaitheadh na Gréagaigh saol fuinniúil amuigh faoin aer agus dá bharr sin bhídís saolach. Ar na hAithnigh cháiliúla de chuid an cúigiú céad R.Ch. a fuair bás agus aois mhaith acu bhí Seineafón, saighdiúir agus scríbhneoir, a bhí 76 bliana d'aois nuair a bhásaigh sé; bhí an drámadóir, Aescaileas, 71 bliain d'aois; bhí an fealsamh, Platón, 82 bhliain d'aois. Bíodh nach fios dúinn ach aois na ndaoine mór le rá, is cosúil go mbíodh saol fada ar na gnáth-Ghréagaigh freisin.

RÓL NA mBAN

Ó fhianaise na staire is cosúil gurbh iad na fir amháin a dtugtaí aird orthu mar gurbh iad amháin a théadh leis an bpolaitíocht agus a bhíodh ina bpearsana poiblí. D'fhanadh na mná sa bhaile agus ní théidís amach i measc an phobail ach corruair, e.g. le dul chuig an amharclann. Mar sin féin, d'fhéadaidís a bheith ina mbansagairt, rud nach bhféadann siad sa lá atá inniu ann maidir le formhór na gcreideamh.

Cé go mbíodh saol cúng ag mná na Gréige is faoi mhná diongbháilte misniúla go leor de na drámaí clasaiceacha. Mar shampla, i ndráma amháin dhúnmharaigh an Bhanríon Clitimnéastra a fear céile Agaiméamnón, rí na Micéanach. I ndráma eile cuidíonn Medea le Jason agus leis na hArgónátaigh teacht ar Lomra an Óir. B'fhéidir gurbh é an fáth a bhí leis sin ná go raibh faitíos ar na fir roimh chumas agus acmhainn folaigh na mban.

STRAINSÉIRÍ NÓ AÍONNA?

Ní bhíodh cead ag 'eachtrannaigh' páirt a ghlacadh sa saol poiblí. B'iondúil gur Ghréagaigh iad sin a d'fhág a gcathairstát féin ar thóir oibre. Bhíodh tuairim 10,000 eachtrannach san Aithin i gcomórtas le 40,000 saorfhear nó saoránach. Ach tríd is tríd ní bhíodh an saol dian orthu. Is é an t-aon fhocal amháin, *xenos*, atá sa Ghréigis ar eachtrannach is ar aoi. Ba mhór ag na Gréagaigh an uair úd (agus is mór fós acu) an fhéile.

AN SCLÁBHAÍOCHT

Bhíodh an sclábhaíocht coitianta fadó agus bhaineadh na Gréagaigh leas aisti. Bhíodh idir fhir agus mhná ina sclábhaithe. Sclábhaí amháin a bhíodh ag an dream bocht nó bhídís gan aon sclábhaí. Bhíodh roinnt mhaith ag an dream saibhir. Chuidíodh na sclábhaithe leis na mná tí, leis na feirmeoirí agus leis na ceardaithe. Níorbh ionann luach gach sclábhaí – bhraitheadh sé sin ar chomh hoilte is a bheadh sé – ach ba é an meánluach ná 175 *drachma* (£700 de réir airgead an lae inniu). Ní chaití go dona leis na sclábhaithe, de ghnáth. Bhíodh sclábhaithe as Scythia, mar shampla, ina bpóilíní san Aithin mar nár theastaigh an cineál sin oibre ó fhormhór na saoránach. Ba eisceachtaí na mianaigh airgid agus na cairéil chloch, áit a mbíodh drochshaol agus ainnise le fulaingt acu.

SAOL GAN SÓ

Níorbh ionann cúrsaí i Sparta. Mionlach ba ea na saoránaigh sa chathair sin – héalótaí (sclábhaithe) ba ea an chuid eile. Is amhlaidh a dhéanadh na sclábhaithe an obair láimhe fad is a bhíodh na saoránaigh ag traenáil le haghaidh cogaíochta chun na sclábhaithe a choinneáil faoi smacht. Ba fháinne fí ceart é dáiríre. Ba bheag idir chompord an ghnáthshaoránaigh agus compord an sclábhaí i Sparta. Is ar mhaithe le hiad féin a chruachan nach mbíodh earraí só ag na saoránaigh. Ar an gcaoi sin bheadh arm crua acu chun na sclábhaithe a choinneáil faoi chois.

Próca de chuid na hAithine ó tuairim na bliana 500 R.Ch. Is éard atá léirithe bean agus í ag tarraingt uisce ón sconna leonchruthach. Tá beirt bhan ag imeacht agus a gcrúscaí lán agus beirt eile ag teacht agus a gcrúscaí folamh.

Sclábhaí óg gorm ag glanadh bróige. Bheirtí cuid mhaith daoine ina sclábhaithe. Ach ba chimí cogaidh cuid eile. Is amhlaidh a leanadh mangairí an t-arm agus ghabhaidís cimí.

11

AN TEAGHLACH

Thugtaí mionchrúscaí fíona do ghasúir trí bliana d'aois ag féile speisialta – an Anthesteria *– a bhíodh san Aithin uair sa bhliain.*

Ba é an teaghlach bunchloch shochaí na Gréige. Ach, ar ndóigh, bhaineadh gach teaghlach le fine ní ba mhó agus an fhine le treibh. Mar sin, bhíodh an teaghlach fite fuaite leis an bpobal trí chéile.

FEAR AN TÍ
Ba é an t-athair ceann an teaghlaigh agus ba aige a bhíodh an t-údarás. Nuair a bheirtí leanbh ba faoin athair a bhíodh sé glacadh leis nó gan glacadh leis. Mura nglacadh d'fhágtaí an leanbh ar learg cnoic go bhfaigheadh sé bás. D'fhéadfadh an t-athair mac mí-iompair a chur as oidhreacht freisin. Ba é a roghnaíodh fir chéile dá chlann iníonacha freisin.

BEAN AN TÍ
Bhíodh iníon faoi smacht ag a hathair go dtí go bpósadh sí agus ag a fear céile i ndiaidh pósadh di. Ach mar bhean tí is ise a reáchtáladh cúrsaí an teaghlaigh agus bhíodh meas uirthi dá ndéanadh sí an gnó sin go héifeachtach. Is dócha go bpléadh cuid de na fir cúrsaí gnó agus polaitíochta leis an mbean. Cuir i gcás fuair Leonadas, Rí Sparta, táibléad céarach tráth agus gan teachtaireacht ar bith le feiceáil air. Thaispeáin sé dá bhean, Gorgo, é agus ba dhóigh léise – agus an ceart aici – gur ar an adhmad faoin gcéir a bhí an scríbhinn chun í a choinneáil faoi rún.

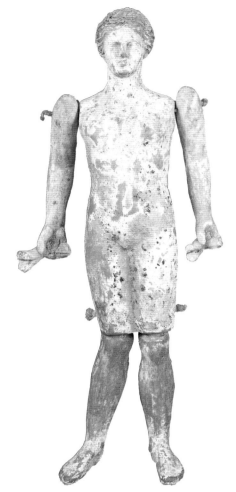

As cré bhruite atá an bhábóg seo déanta. Bhí sí daite go glé nuair a rinneadh í. Ailt ruóige atá ag na glúine agus ag na guaillí ionas gur féidir na géaga a bhogadh.

Bhíodh tionlacan ceoil le haclaíocht, le damhsa, le filíocht is le hamhránaíocht. Lireanna na téaduirlisí atá léirithe thíos. As blaosc toirtíse atá na fuaimbhoscaí déanta sa dá chás.

NA GASÚIR
Sclábhaithe a dhéanadh cúram de ghasúir an dreama shaibhir go hiondúil. Mar sin, ba bheag teagmháil a bhíodh ag na máithreacha sin lena gcuid gasúr. I ngeall air sin bhíodh na Gréagaigh an-mhaoithneach ina dtaobh. Chuirtí pictiúir de ghasúir ar vásaí áirithe. Dhéantaí bréagáin dóibh, e.g. bábóga, capaill mhaide agus eitleoga. Bhíodh féile speisialta san Aithin le haghaidh na ngasúr – an *Anthesteria*. Le linn na féile chuirtí bláthanna ar a gcloigeann agus thugtaí mionchrúscaí fíona dóibh mar bhronntanais.

CÚRSAÍ OIDEACHAIS

Sa bhaile a chuirtí oideachas ar na cailíní ach théadh buachaillí idir aois 6 agus aois 14 ar scoil. Mhaireadh an scolaíocht ó éirí go luí na gréine, ach bhíodh na daltaí saor ar na féilte go léir (féach lgh 30 & 31).

D'fhoghlaimíodh na daltaí léamh, scríobh agus áireamh (uimhríocht). Mhúintí dóibh staidéar a dhéanamh ar dhánta na bhfilí móra. Bhíodh an dá eipic mhóra le Hómar – an Odaisé agus an Íliad – de ghlanmheabhair ag go leor acu, siúd is go raibh 26,000 líne iontu agus go dtógadh sé 24 huaire an chloig iad a aithris.

Ba mhór ag na Gréagaigh an chorpoiliúint agus mhúintí do na daltaí le hiomrascáil a dhéanamh. Bhíodh tionlacan ceoil leis an gcorpoiliúint agus le haithris na filíochta agus níor mhór foghlaim leis an lir agus an phíb dhúbailte a sheinm.

AN TEAGHLACH I SPARTA

Bhíodh na Spartaigh dian ar a gcuid gasúr. Bhíodh ar na gasúir, idir bhuachaillí is chailíní, imeacht ón mbaile in aois a seacht mbliana agus dul ar cónaí i mbeairic, áit a gcuirtí corpoiliúint orthu. Ní thugtaí a ndóthain bia dóibh agus bhíodh orthu bia a ghoid chun iad féin a chothú. Dá mbeirtí orthu bhuailtí iad, ní de bharr iad a bheith ag goid ach de bharr gur rugadh orthu. Níor mhór gliceas a mhúineadh dóibh! Rugadh ar ghasúr áirithe, más fíor, agus sionnach goidte faoina fhallaing aige. B'fhearr leis go gcreimfeadh an sionnach a bholg ná sceitheadh air féin! Eiseamláir ba ea an gasúr sin, dar leis na Spartaigh.

Chuirtí traenáil mhíleata ar na fir san Aithin freisin; bhíodh ar ógánaigh 18 mbliana d'aois dhá bhliain saighdiúireachta a dhéanamh, ach bhíodh ar fhir Sparta a bheith ina saighdiúirí ar feadh a saoil. Ní bhíodh cead ag fir pósadh go mbídís 30 bliain d'aois agus an uair sin féin bhíodh orthu cónaí i mbeairic seachas lena mbean. Is léir mar sin gur beag an meas a bhí ag na Spartaigh ar an teaghlach ní hionann is formhór na bpobal ó shin i leith.

Ní chaitheadh fir na Gréige mórán ama lena gclann ná lena mná céile. Bhídís ag obair, ag siopadóireacht, ag freastal ar ghiúiréithe nó ag comhrá lena gcairde an chuid ba mhó den lá.

13

Pláta agus é daite le fioracha éisc. Bhíodh éileamh ar an iasc úr ach is amhlaidh a bhíodh sé ródhaor. D'itheadh na daoine bochta iasc triomaithe nó saillte.

Bhíodh neart le hithe agus le hól – fíon agus bia beadaí – ag symposium. *Dhéanadh ceoltóirí agus damhsóirí ban siamsaíocht do na fir.*

Saol simplí a bhíodh ag na Gréagaigh. Chaithidís formhór a saoil amuigh faoin aer mar go raibh an aeráid te grianmhar. I ngeall air sin ní chaithidís ach éadaí scaoilte simplí agus bhídís beo ar thorthaí úra, ar phónairí agus ar arán.

TÚS AN LAE

Ní bhíodh ag na Gréagaigh ach bricfeasta beag. Toisc go mbíodh an aimsir meirbh agus nach mbíodh mórán pluideanna ar na leapacha d'éirídís agus iad réidh, nach mór, i gcomhair an lae. Éadaí simplí a bhíodh orthu. Chaitheadh fir, mná agus páistí *chiton*, i.e. éadach dronuilleogach ina mbíodh áit don chloigeann agus do na géaga. Go dtí na glúine a théadh *chiton* na n-óganach agus na ngasúr; bhíodh *chiton* na mban agus na bhfear fásta fada ach síleadh gur bhréag-ghalántacht ligean dó sraoilleadh go talamh. Chaitheadh mná áirithe *peplos* freisin, gúna a bhí cosúil leis an *chiton* ach oscailt sna taobhanna agus pléata breise ar barr. Bhíodh fallaing fhada, *himation*, ar fhir is ar mhná dá mbeidís amuigh agus an aimsir fuar.

BIA NA nGRÉAGACH

Ba iad na fir a cheannaíodh an bia sa mhargadh; thugadh sclábhaí an bia leis abhaile ansin. Arán, ológa, pónairí agus torthaí a d'itheadh na Gréagaigh go hiondúil. Bhíodh iasc acu corruair ach earra só a bhí ann, dar leo, mar bíodh is go raibh flúirse éisc san fharraige, b'éigean é a mharú ar dtús. Ba bheag feola a d'ithidís.

Bia níos simplí fós agus gan earraí só ar bith a bhíodh ag na Spartaigh. Is éard a dúirt cuairteoir áirithe tar éis dó béile a chaitheamh leis na húdaráis i Sparta, 'Tuigim anois cén fáth nach bhfuil eagla ar mhuintir Sparta roimh an mbás!' Agus nuair a fiafraíodh d'fhile Spartach cén sórt bia ba rogha leis, ba éard a dúirt sé go raibh an-dúil aige in anraith piseánach, bia nach mbeadh aon ró-mheas ag daoine eile air.

Fíon a d'óladh na Gréagaigh – níor óladh tae ná caife san Eoraip go ceann 2,000 bliain eile. Chun nach mbeidís ar meisce mheascaidís uisce leis an bhfíon. Bhíodh iliomad cruthanna ar a gcuid crúscaí chun go bhféadfaí an fíon a stóráil, a dháileadh agus a chaolú mar ba rogha leo.

Píosaí dronuilleogacha línéadaigh nó olla a bhíodh i dtuineacha na nGréagach, ar a dtugtaí chiton. *Dheasaítí ar an gcolainn iad le bioráin nó le bróistí ag an ngualainn. Chiton* giortach a chaitheadh *na fir óga agus na sclábhaithe. Chiton* fada a chaitheadh *seanfhir is mná. Chaití fallaing* (himation) *i gcaitheamh an gheimhridh.*

DREASA ÓIL

Dá mbeadh ócáid áirithe le ceiliúradh bhíodh cóisir acu agus bia beadaí. Go fiú i Sparta is amhlaidh a bhí, e.g. dúirt an file Alcman faoi chóisir áirithe go raibh 'na boird faoi ualach builíní síol poipín, bhí síol rois agus seasaman ann agus le hais na gcorn bhí miasa lán de chácaí meala'. I seomraí na bhfear sa teach – san *andron* – a bhíodh an chóisir (an *symposium*). D'fhanadh na mná óga agus na hiníonacha glan ar an gcóisir.

DAMHSÓIRÍ BAN

Go hiondúil d'fhostaíodh fear na cóisire ceoltóirí agus damhsóirí ban le tógáil croí a chur ar a mbíodh i láthair. Sclábhaithe nó mná gan pósadh de chuid na hAithine a bhíodh sna mná sin. *Hetairai* a thugtaí orthu agus cé go mbíodh meas orthu maidir le siamsaíocht a dhéanamh ní bhíodh aon tóir orthu mar mhná céile. Bhíodh neart fíona le fáil ar na cóisirí sin agus chaití moirt an fhíona le hionad sprice mar dhóigh spraoi. *Kottabos* a thugtaí ar an gcluiche sin. Ach ba ar mhaithe le comhrá a dhéanamh agus leis an gcuideachta a bhíodh formhór na gcóisirí ann.

PÓSTAÍ

Bhíodh scléip ag na mná nuair a bhíodh pósadh agus bainis ann. Is amhlaidh a dhéantaí cleamhnais do chailíní in aois a gcúig bliana déag dóibh. B'fhéidir nach gcasfaí an fear orthu go lá a bpósta. Bhíodh paidreacha agus bainis i dteach na brídeoige ar dtús agus ansin faoi thráthnóna thugadh an fear an bhrídeog go dtí a theach féin i gcarr capaill. Ní bhíodh aon searmanas eaglasta ná pósadh clárlainne ann an uair úd. Ba iad an dá theaghlach féin a chuireadh gach uile ní i gcrích.

Mórshiúl chun na bainise atá sa léaráid ar an gcrúsca. Tá an fear agus an bhean ag marcaíocht i gcairt speisialta go dtí teach an fhir.

15

Chuirtí mionsamhlacha ar nós an chinn thuas in uaigheanna in éineacht le marbháin. Bord atá ann agus mórchuid potaí cré air.

Faoin tuath a chónaíodh formhór na nGréagach mar is ann a bhíodh a n-ionad oibre. Ní bhíodh tithe na tuaithe ná tithe na gcathracha galánta mar nach mbíodh áiseanna an lae inniu iontu, e.g. uisce sconna, píobáin ná feistiú cistine.

CÓCAIREACHT AGUS NÍOCHÁN
As tobar a thagadh a gcuid uisce. D'fhéadadh an tobar a bheith 15 m ar doimhneacht agus mar sin ba mhór an obair ag na sclábhaithe í. Ba as an bhfuarán poiblí a d'fhaightí corruair é. Is dócha go gcuirtí seomraí áirithe i leataobh le haghaidh nithe áirithe, e.g. cócaireacht nó níochán, ach ní bhíodh feistiú insuite iontu. Ar chiseán tine iniompartha nó in oigheann cloiche a dhéantaí an chócaireacht. Pota mór a bhíodh acu mar leithreas agus d'fholmhaíodh na sclábhaithe é sa draein taobh amuigh den teach. Bhíodh a ndraein féin ag an dream saibhir ón teach go dtí an tsráid.

TROSCÁN ILFHEIDHME
Ba bhreá leis na Gréagaigh a bheith ina suí nó ina luí ar thoilg nó ar bhinsí ísle agus a gcuid bia taobh leo ar bhoird ísle. I gcófraí seachas i vardrúis a choinnídís a gcuid éadaigh mar gurbh éadaí simplí a chaithidís agus go bhféadfaí iad a fhilleadh agus a leagan anuas ar a chéile gan filltíní a theacht iontu.

Bhíodh cathaoireacha agus toilg gan tacaí uillinneacha sna tithe freisin agus tóin leathair nó tóin chorda shnáithínigh iontu. Is iomaí feidhm a bhaintí as baill troscáin áirithe. D'fhónadh tolg, mar shampla, mar áit le suí nó le luí is béile á chaitheamh, mar ionad scíthe nó mar leaba go fiú.

'Is beag maisiú atá sa teach. Tá leagan amach na seomraí in oiriúint don troscán a chuirtear iontu agus ní chuirtear i ngach seomra ach na nithe a oireann dó.'

— *Seineafón* —

MAISIÚ TAOBH ISTIGH
Ba iad na Gréagaigh a chéadchum mósáicí (pictiúir a dhéantar as míreanna beaga cloiche nó gloine) ach is annamh a bhíodh mósáicí i dtithe príobháideacha. Corruair, bhíodh urláir mhósáice san *andron* i dtithe galánta, iad déanta as clocha beaga daite as aibhneacha agus iad i bhfoirm triantán, ciorcal agus cearnóg. Ach ní bhíodh i bhformhór na n-urlár ach cré chrua.

Plástar a bhíodh ar na ballaí ach uaireanta chrochtaí taipéisí ildaite orthu a d'fhíodh mná an teaghlaigh. San *andron* a bhíodh an taipéis ba ghalánta le fáil agus ba é sin freisin an seomra ba mhaisiúla sa teach. Tá scéal ann faoi Aithneach saibhir áirithe, Alcibiades, a thug ar mhaisitheoir amharclainne ballaí a sheomra bia a phéinteáil mar a bheadh san amharclann, i.e. radhairc pheirspictíochta. Caithfidh go raibh údar comhrá ag a chuid cuairteoirí!

Chuireadh an dream bocht soithí cócaireachta – potaí, pannaí, etc. – ar crochadh ar na ballaí. B'in bealach amháin le hiad a stóráil agus ba mhaisiú freisin iad, ar ndóigh.

Mionsamhail déanta as cré bhruite de bhean á folcadh féin. Bhíodh seomra folctha dá gcuid féin ag an dream saibhir. Ní bhíodh ach potaí móra cré ag an dream bocht chun iad féin a fholcadh.

TEACH CÓNAITHE DE CHUID NA GRÉIGE

1 An stóras
2 An chistin
3 Seomra na bhfear (*andron*)
4 Seomra na mban (*gynaikon*)
5 An cheardlann
6 Bean ag fíodóireacht
7 An seomra folctha
8 An seomra codlata

Oigheann cloiche

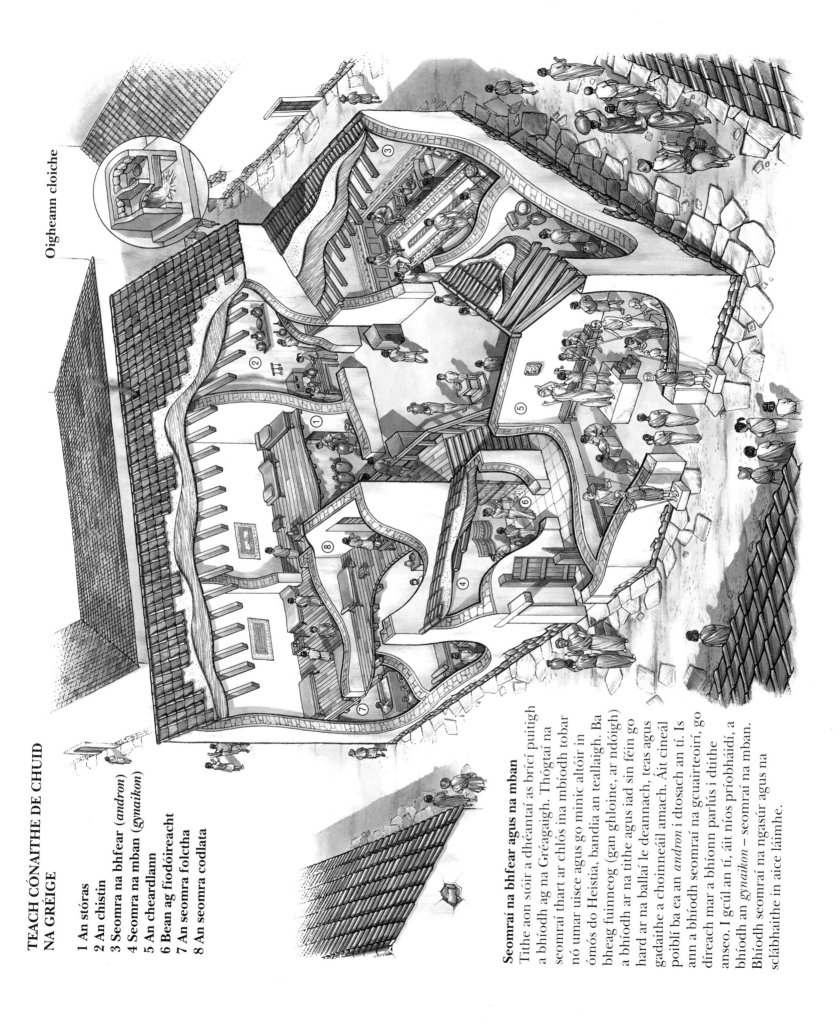

Seomraí na bhfear agus na mban

Tithe aon stóir a dhéantaí as bricí puitigh a bhíodh ag na Gréagaigh. Thógtaí na seomraí thart ar chlós ina mbíodh tobar nó umar uisce agus go minic altóir in ómós do Heistia, bandia an teallaigh. Ba bheag fuinneog (gan ghloine, ar ndóigh) a bhíodh ar na tithe agus iad sin féin go hard ar na ballaí le deannach, teas agus gadaithe a choinneáil amach. Áit cineál poiblí ba ea an *andron* i dtosach an tí. Is ann a bhíodh seomraí na gcuairteoirí, go díreach mar a bhíonn parlús i dtithe anseo. I gcúl an tí, áit níos príobháidí, a bhíodh an *gynaikon* – seomraí na mban. Bhíodh seomraí na ngasúr agus na sclábhaithe in aice láimhe.

Mionsamhail déanta as cré bhruite de sclábhaí mná ag séideadh na tine sa chistin. Dhéanadh an séideadh an gualach sách te leis an mbia a bhruith. Ba é an suipéar an t-aon bhéile te amháin a bhíodh ag na Gréagaigh.

Cheannaítí an olann agus í ina lomra. Ansin chaití na leadáin agus na snaidhmeanna a bhaint aisti, í a ní agus a dhathú. Ba iad na mná pósta a dhéanadh an fíochán agus a gclann iníonacha an sníomh. Mar go mbíodh an aimsir meirbh ba amuigh sa chlós a dhéantaí an obair sin go minic.

D'oibríodh na Gréagaigh – na feirmeoirí, na ceardaithe agus feidhmeannaigh an stáit – go dian. Bhíodh meas acu ar an obair chríochnúil agus ar an gceardaíocht. Ach níorbh ar mhaithe le hobair a dhéanamh a chaithidís a saol. Ba thábhachtaí leo a bheith ina saoránaigh mhaithe.

NA MNÁ AG OBAIR

Bhíodh sclábhaithe ag na mná chun cuidiú leo leis an gcócaireacht agus le hobair an tí. Mar sin, bhíodh neart ama acu chun fíodóireacht a dhéanamh. Dhéantaí éadaí, cuirtíní, cumhdaigh cúisíní, etc. sa bhaile.

Is iomaí céim a bhí i ndéanamh éadaigh. As olann nó líon a dhéantaí an t-éadach mar bhíodh an cadás an-ghann fadó. Dhéantaí an olann nó an líon a ní, a chardáil agus a dhathú ar dtús. Ba as cré nó as plandaí a dhéantaí formhór na ndathanna. Bhíodh dathú corcra lonrach acu a d'fhaighidís as iasc sliogáin áirithe. Ansin dhéantaí an olann nó an líon a shníomh de láimh le coigeal agus le heiteán – ní raibh leithéid an tuirne ar an saol fós. Ar deireadh dhéantaí an snáth ar a mbíodh tromáin a fhí ina éadach ar sheol ingearach.

AN TALMHAÍOCHT

Ba thábhachtach an ní í an talmhaíocht maidir le geilleagar na Gréige. Cuir i gcás i gcaitheamh Chogadh na Peilipinéise ghéill cathair neodrach Acantas don ghinearál Spartach Brasadas mar gur bhagair sé go scriosfadh sé an barr torthaí a bhí acu.

Bhíodh muintir na gcathracha chomh maith le muintir na tuaithe ag gabháil don talmhaíocht. I gcaitheamh an earraigh réitíodh na feirmeoirí faoi choinne an grán a bhaint i mí na Bealtaine. I gcaitheamh an fhómhair bhainidís caora fíniúna agus ológa, threabhaidís na garraithe agus chuiridís síol athuair iontu faoi choinne na bliana dár gcionn. Ní bhídís chomh gnóthach céanna i gcaitheamh an tsamhraidh ná an gheimhridh, rud a d'fhágadh neart ama acu le haghaidh gnóthaí eile – cogaíocht agus polaitíocht, mar shampla.

Bhíodh fás rábach faoi fhíniúnacha ar learga teo na gcnoc. Chuirtí na caora fíniúna i gcléibh agus shatlaítí orthu leis an sú a bhaint astu. Meastaí fíon le huisce sula n-óltaí é.

OS CIONN AN tSIOPA!

Is iomaí sin cineál ceardaí a bhíodh ag obair sna cathracha, e.g. potairí, dealbhóirí agus gaibhne. I gceantar áirithe sa chathair a bhíodh gach ceird. Bhídís lonnaithe san aon cheantar amháin ar feadh tréimhse fada, e.g. bhí teach áirithe san Aithin ina raibh dealbhóirí marmair ar feadh 200 bliain. Potaireacht an phríomhcheird a bhíodh san Aithin. Bhíodh tuairim 100 oibrí gafa le vásaí a dhathú, agus leis sin amháin, sa Kerameikos (ceantar na potaireachta).

Dhíoladh na ceardaithe a gcuid earraí go díreach leis an bpobal – ní bhíodh miondíoltóirí ná mórdhíoltóirí ann. B'in é an fáth go gcónaíodh a oiread sin Gréagach in aice a gcuid siopaí féin. Dá bharr sin ba é áit an mhargaidh (an *agora*) an t-aon ionad siopadóireachta áirithe a bhíodh ann.

Cosnochta a bhíodh na Gréagaigh sa bhaile dóibh ach cuaráin leathair nó buataisí a bhíodh orthu amuigh. Chuirtí á ndéanamh go speisialta iad i siopa gréasaí nó ag stalla gréasaí san agora.

AN TIONSCLAÍOCHT

Bhíodh ceardaithe na Gréige an-mhórálach as na hearraí a dhéanaidís, ach, ar ndóigh, is ar mhionchóir amháin a bhídís ag obair. Ní bhíodh mórán monarchana ann an uair úd cé go bhfuil trácht ar dhá cheann áirithe – ceann a mbíodh 20 sclábhaí ann ag déanamh leapacha agus ceann eile a mbíodh 30 sclábhaí ann ag déanamh claimhte. I gcaitheamh cogaí a chuirtí monarchana níos mó ar bun le hairm agus cultacha catha a chur ar fáil ach bhídís an-bheag i gcomórtas le cinn an lae inniu.

Níl ach sampla amháin againn ón am sin de thionsclaíocht ar scála mór in áit amháin, i.e. mianach airgid Lavrion san Ataic. Thug an rialtas na cearta mianadóireachta ar cíos do dhream saibhir a d'fhostaigh sclábhaithe ansin leis an obair a dhéanamh. Ar an dream sin bhí an ginearál Nicias (Aithneach) a chuir 1,000 dá chuid sclábhaithe féin ag obair sa mhianach. Ghnóthaigh sé brabach mór, ar ndóigh.

Bhaineadh na Gréagaigh úsáid as casúir, as tuanna, as druileanna agus as deileanna cré-umha. Níos déanaí ba as iarann a dhéantaí na huirlisí céanna. Mionsamhail déanta as cré bhruite í seo d'oibrí i mbun sábhadóireachta.

SAIBHIR AGUS BOCHT

Agus cúrsaí mar a bhí ní haon ionadh go mbíodh cuid den phobal an-saibhir agus cuid eile an-bhocht. Ach chun go mbeadh an córas rud beag níos cothroime bhíodh ar an dream saibhir cánacha ar a dtugtaí liotúirgí a íoc. Is amhlaidh a bhíodh orthu íoc as seirbhísí áirithe don stát, e.g. as an gcór san fhéile drámaíochta. Ní mó ná sásta a bhíodh cuid acu ach ar a laghad ar bith bhíodh a fhios acu cad air a mbíodh a gcuid airgid á chaitheamh agus d'fhéadfaidís a bheith mórálach as an tseirbhís bhreá a bhíodh curtha ar fáil acu.

NA CATHAIRSTÁIT

Chuir Peiricléas, ceannaire na hAithine i gcaitheamh na Ré Órga, árais mhaisiúla á ndéanamh. Bhí an chathair i mbarr a cumhachta is a saibhris i gcaitheamh na ré úd.

Bhíodh breis is 100 cathairstát sa tsean-Ghréig agus gach Gréagach ina bhall de cheann acu. Is tríd an mBéarla ón nGréigis a fuaireamar an focal polaitíocht. Is ó na focail Ghréigise *polis* (**cathair**) agus *polites* (**saoránach**) é.

AN CHATHAIR & AN TUATH
Ba é a bhíodh i gceist le cathairstát ná an chathair féin agus an ceantar tuaithe thart uirthi. Nuair a dhéantaí tagairt do mhuintir na hAithine ba é a bhíodh i gceist ná muintir na cathrach féin agus muintir na hAtaice, i.e. an ceantar thart ar an Aithin féin. Ar ndóigh níorbh ionann meon lucht na cathrach is lucht na tíre. Tá cur síos ag Arastafainéas ina choiméide bhrónach, *Na hAcairnigh*, ar an gcumha agus ar an gcaitheamh i ndiaidh a n-áitín dúchais a bhí ar na fir as baile beag san Ataic nuair ab éigean dóibh dídean a lorg san Aithin i gcaitheamh Chogadh na Peilipinéise (féach lgh 42-43).

SÚIL-AITHNE AR GACH DUINE
Is éard a bhí i gceist le saoránaigh i gcathairstát ar bith ná na fir fhásta uile a rugadh sa chathairstát áirithe sin. Bhíodh tuairim is 10,000 saoránach i ndaonra 100,000 (40,000 bean, gasúr agus eachtrannach, agus b'fhéidir 50,000 sclábhaí. Bhíodh formhór na gcathairstát beag agus gan ach 10,000 saoránach iontu, ach bhí 40,000 saoránach san Aithin. Ní raibh ach 9,000 i Sparta ach bhí 60,000 héalóta ann (féach lgh 10-11).

Mheas Arastatail nach mbeadh pobal daonlathach i gceart mura mbeadh súil-aithne ag na saoránaigh ar a chéile. Shíl sé freisin nach bhfeidhmeodh an daonlathas i gceart dá mbeadh a oiread is 100,000 saoránach ann agus daonra iomlán 1,000,000 duine i gceist.

Ba í an Acrapail (dún ard) lárionad na searmanas san Aithin. Ba é an Parthenon (teampall Ataene) an t-áras ba mhó. Tá dealbh Ataene atá 10 méadar ar airde in aice leis.

As ór nó as airgead a dhéantaí monaíocht na Gréige. Bhíodh suaitheantas an chathairstáit a d'eisíodh iad ar thaobh amháin agus suaitheantas a bhain le dia mór éigin ar an taobh eile.

TAIDHLEOIRI & COMHGHUAILLITHE

Sa lá atá inniu ann is feidhmeannaigh iad ambasadóirí a bhíonn i dtír eachtrach agus iad ag obair mar thaidhleoirí thar ceann a dtíre dúchais. Níorbh ionann an cás go díreach sa Ghréig fadó – is amhlaidh a bhíodh feidhmeannach ón Aithin féin ag feidhmiú thar ceann Sparta san Aithin. Bhíodh comhghuaillíocht idir chathracha freisin. Tháinig cathracha na Béóitia le chéile faoin gConradh Béóiteach, agus cathracha na Mara Aeigéiche le chéile mar Impireacht na hAithine. Ba eisceacht iad na comhghuaillíochtaí úd, áfach, mar nach gcuireadh cathracha le chéile ach ar mhaithe le sprioc áirithe a bhaint amach, e.g. na Peirsigh a throid.

BALLAÍ COSANTA

Tógadh ballaí thart ar roinnt de chathracha na Gréige mar chosaint ar an namhaid, e.g. shín ballaí cosanta na hAithine ón gcathair go calafort Phiréas tuairim is 5 km chun bealaigh. Faoi dheifir a tógadh iad go luath tar éis na gcogaí in aghaidh na Peirse. Ní raibh ballaí ar bith thart ar Sparta ach bhí an chosaint nádúrtha air chomh maith sin go dtugtaí Daingean na Gréige air. Bhí réimse mór talún thart air rud a thug nach bhféadfaí ionsaí a dhéanamh air gan fhios mar a d'fhéadfaí i gcás cuid de na cathracha eile. Ina theannta sin bhí sliabhraon Taigeatais thart air rud a chuireadh bac le lucht ionraidh.

FÉILIRÍ AGUS AN MHONAÍOCHT

Bhíodh a chuid traidisiún agus a chuid nósanna féin ag gach cathairstát. Níorbh ionann a gcuid féilirí ach a oiread, rud a chuireadh isteach ar chaidreamh idir na stáit. Ba dheacair dá réir sin dáta a chur le himeachtaí ar bith.

Bhíodh a gcuid monaíochta féin ag gach cathairstát agus comhartha an stáit stampáilte uirthi. Ba le gairid roimh thréimhse na Gréige Clasaicí a ceapadh boinn airgid agus ní bhíodh aon ráta seasta malairte ann. Is amhlaidh a bhíodh daoine ag margáil le chéile go dtagtaí ar réiteach. Ní fhéadtaí píosaí airgid áirithe a úsáid ach taobh istigh de theorainneacha na gcathairstát féin – d'fhéadtaí cinn eile a úsáid áit ar bith i ndomhan na nGréagach, e.g. an *glauke* a raibh cloigeann Ataene ar thaobh amháin de agus fíor ulchabháin – ba é an t-ulchabhán comhartha Ataene – ar an taobh eile.

MÓRÁIL CHATHRACH

Ní bhíodh aon ró-mheas ag na cathairstáit éagsúla ar a chéile. Ba mhinic muintir chathairstáit amháin ag maslú mhuintir chathairstáit eile, e.g. thugadh muintir na hAithine 'muca' ar fheirmeoirí na Béóitia. Bhíodh muintir Sparta an-mhórálach astu féin. Cumadh nath i dtaobh shaighdiúirí calma Sparta a maraíodh i mBearnas Thermopylae agus iad ag troid in aghaidh mórshlua Peirseach. Ba é seo é: 'A strainséir, abair le muintir Sparta gur anseo a thiteamar, agus sinn umhal dá ndlíthe'.

Dealbh mharmair de laoch de chuid Sparta. Ceaptar gurb é Leonadas rí Sparta (490-480 R.Ch.) atá ann. B'fhéidir gur as leacht cuimhneacháin é ar na Spartaigh a maraíodh i gCath Thermopylae.

AN DAONLATHAS

I ndeireadh trialacha cúirte vótáladh giúiréithe le dioscaí mar iad sin thuas lena thabhairt le fios an raibh an cúisí ciontach nó neamhchiontach, dar leo.

Chuireadh gach duine den ghiúiré mír chré-umha agus a ainm uirthi isteach i sliotán meaisín dáilte. Roghnaítí sraith éagsúil ainmneacha gach lá le bheith ar an ngiúiré.

Bhíodh a gcineál féin rialtais ag gach cathairstát sa Ghréig ach bhíodh béim ar an tsaoirse agus ar neamhspleáchas an duine aonair iontu uile. Is amhlaidh nár theastaigh ó na Gréagaigh a bheith cosúil leis na Peirsigh ar gheall le sclábhaithe de chuid an rí iad.

RIALTAS SPARTA
Murab ionann is na cathracha eile bhí córas aisteach rialtais i Sparta. Roinntí an chumhacht idir bheirt ríthe, cúigear *ephor* (giúistísí a thoghtaí gach bliain), Seanad agus Comhdháil. Ba é an bun a bhí leis an socrú sin ná nach mbeadh mórán cumhachta ag cuid ar bith den stát.

Clog uisce. Ní bhíodh cead ag lucht na cúirte labhairt ach ar feadh an achair a mbeadh an t-uisce ag sileadh as an gcupán uachtarach isteach sa chupán íochtarach. Ba bhreá leis na Gréagaigh a bheith ar ghiúiréithe mar go mbíodh lá saor acu óna gcuid oibre agus pá le fáil acu as.

CÓRAIS RIALAITHE
Dream saibhir a rialaíodh cuid de na cathairstáit. Olagarcacht a thugtaí orthu, focal a chiallaíonn 'riail an bheagáin'. Ní bhíodh olagarcacht san Aithin ach aimsir gáibh amháin ach bhíodh a leithéid sa Téibh (príomhchathair na Béóitia) i gcónaí.

Is é an daonlathas ('riail an phobail') an córas rialtais a d'fhág na Gréagaigh le huacht againn. Ní hionann an córas a bhí ann fadó agus córas an lae inniu. Sa lá inniu ann is amhlaidh a thoghtar ionadaithe as pobal ollmhór chun freastal ar dháil nó ar chomhdháil. I ngeall gur bheag iad pobail na gcathairstát Gréagach d'fhéadfadh gach saoránach a bheith i láthair sa dáil iad féin.

D'íoctaí daoine as cuidiú le feidhmiú an daonlathais, e.g. seirbhís a dhéanamh ar ghiúiré. Bhíodh suas le 10 gcúirt i mbun oibre san aon am amháin agus cúpla céad duine ar gach giúiré. Bhaineadh muintir na hAithine an-sult as cúrsaí dlí. Ní bhíodh aon bhreithiúna, abhcóidí ná aturnaetha ann agus labhraíodh daoine ar a son féin.

ÓRÁIDITHE MAITHE

Bhíodh cead ag gach uile dhuine labhairt sa chomhdháil. B'fhearr daoine áirithe, áfach, ná a chéile i mbun óráidíochta agus ba mhó a théidís i gcion ar an bpobal. Mar shampla, le linn Chogadh na Peilipinéise cuireadh tuairisc go dtí an Aithin go raibh muintir oileáin Mytilene tar éis éirí amach ina n-aghaidh. Le linn na díospóireachta ina dhiaidh sin i gComhdháil na hAithine chuaigh óráidithe áirithe i gcion ar an bpobal agus socraíodh go gcuirfí chun báis muintir an oileáin úd nó go ndéanfaí sclábhaithe díobh. Bhuail aiféala muintir na hAithine agus an lá dár gcionn ghair siad comhdháil eile le chéile agus chealaigh siad an socrú. D'éirigh leo scéala a chur chuig an oileán in am le go bhféadfaí an chéad socrú a chur ar ceal agus níor básaíodh aon duine.

Uaireanta, nuair a bhíodh óráidí áirithe ag dul i gcion ró-mhór ar an gcomhdháil d'iarrtaí ar na daoine ainm duine ar bith ar dhóigh leo go raibh sé ciontach san éagóir, a scríobh síos ar *ostrakon* (píosa de phota cria). Dá vótálfadh breis is 6,000 duine dhíbrítí as an gcathair go ceann 10 mbliana an té ba mhó vótaí.

> 'Tá dream áirithe san Aithin, a dhaoine uaisle, a bhíonn ag seasamh cirt do dhaoine eile sa chomhdháil seo. Is éard a mholfainn dóibh: ba cheart dóibh an cothrom a dhéanamh i dtaobh na hAithine agus iad ag caint le daoine eile. Sa chaoi sin comhlíonfaidh siad a ndualgais féin i dtosach báire . . . .'
>
> — *Déamóstainéas* —

AN DAONLATHAS Á CHUR I bhFEIDHM

Díreach mar atá amhlaidh inniu dhéanadh daoine áirithe faillí ina ndualgais maidir leis an daonlathas. Bhíodh na Gréagaigh dian ar a leithéidí. Agus an chomhdháil ar bun théadh slua sclábhaithe thart ag lorg daoine a bhíodh ar iarraidh ón gcruinniú. Bhíodh rópa ag gach sclábhaí agus péint dhearg air. Chuirtí smearadh péinte ar an té a mbéarfaí air agus dhéantaí ceap magaidh de. Ghearrtaí fíneáil air chomh maith go minic.

Bíodh is go mbíodh cead ag gach uile shaoránach labhairt ar a shon féin agus a bheith páirteach sna cinní a dhéantaí, ní bhíodh córas daonlathais na hAithine cóir i gcónaí. Dá mbuailfí i gcogadh iad nó dá mbeadh tubaiste nádúrtha ann, plá nó gorta mar shampla, bhuaileadh scaoll an pobal agus d'iompaídís in aghaidh an cheannaire, rud a tharla do Pheiricléas. Bhíodh cuid de mhuintir na hAithine ag gearán go mbíodh an iomarca cumhachta ag an dream bocht aineolach. Ach mar sin féin, ba bhreá lena bhformhór an córas daonlathach.

23

Miosúir oifigiúla le harbhar, fíon, ola agus a thuilleadh earraí a thomhas. Ba bhac ar an gcaimiléireacht iad agus bhídís ina gcabhair ag feidhmeannaigh an stáit le teacht ar réiteach idir ceannaithe agus a gcuid custaiméirí.

Agora breá na hAithine – margadh fairsing gan foscadh – áit a ndíoladh feirmeoirí agus ceardaithe a gcuid earraí. Amuigh faoin aer a bhíodh na stallaí nó sna foirgnimh fhada lán colún ar a dtugtaí stoa.

Ba é an *agora*, áit mhór fhairsing, an t-ionad cruinnithe sna cathracha Gréagacha. Bhíodh clocha teorann thart air agus ní bhíodh cead ag aon duine teach ná rud ar bith eile a thógáil ann.

LÉIRIÚ NA CUMHACHTA

Ba bhreá an feic *agora* na hAithine mar go raibh iliomad áras ríbhreá poiblí thart air. Níorbh ionann cás le *agora* Sparta – bhí sé leamh. Is éard a dúirt an staraí, Túicídídéas, faoi Sparta, dá dtréigfí é nach gcreidfeadh cuairteoir ar an áit ina dhiaidh sin go raibh sé cumhachtach fadó.

INA UACHTARÁN AR FEADH LAE

Ba árais rialtais cuid de na hárais a bhí thart ar an *agora* san Aithin. Ar chnoc taobh amuigh den chathair ar a dtugtaí an *Pnyx* a thagadh comhdháil na hAithine le chéile mar go mbíodh slí ag teastáil le haghaidh 6,000 duine (an líon ba ghá le cruinniú a chur ar bun).

Gach deichiú lá a thagadh an chomhdháil le chéile chun dlíthe a achtú. An *boulé* (an chomhairle) a dhéanadh na dlíthe a dhréachtú i gceann d'árais an *agora*, sa *Bouleuterion*. 500 fear a roghnaítí go randamach a bhíodh sa *boulé* – 50 fear ann as gach aon cheann de 10 dtreibh pholaitíochta na hAithine. Bhí an *boulé* an-mhór mar sin. Bhíodh gach dream 50 fear i mbun an choiste gnóthaí (an *prytany*) ar a seal, agus thagadh an coiste sin le chéile gach aon lá. Roghnaítí uachtarán nua gach aon lá agus is é a bhíodh i gceannas ar an Aithin agus cead aige cogadh a fhearadh, go fiú. Ach ní bhíodh ach an t-aon deis amháin ag duine a bheith ina uachtarán.

Sa *Tholos*, gar don *Bouleuterion*, a lonnaíodh an coiste gnóthaí. De bhreis air sin chodlaíodh seacht nduine dhéag den choiste gnóthaí sa *Tholos* istoíche chun go mbeadh fáil ar lucht ceannais dá dtarlódh éigeandáil. Is iad an pobal a sheasadh costas a gcuid béilí. Mar chruthú air sin fuarthas giotaí de photaireacht cria agus *DE* scríofa orthu, i.e. *demosion* (poiblí) rud a léiríonn gur soithí de chuid an phobail a bhíodh in úsáid acu.

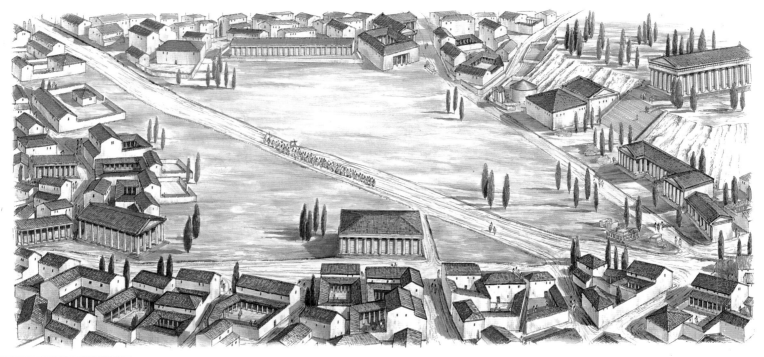

AGORA NA hAITHNE

1 An *Bouleuterion* (seomra na comhdhála)
2 Suíocháin le haghaidh 500 ball den chomhairle (*boulé*)
3 An *Tholos*
4 Leapacha
5 Boird le haghaidh béilí
6 An sean-*Bouleuterion*
7 Na hannála poiblí agus doiciméid an stáit

Dealbh de 'Mháthair na nDéithe' sa sean-*Bouleuterion*

Mar a choinnítí doiciméid an stáit

Tithe an Rialtais

Seo thíos trí cinn de thithe an Rialtais a bhí taobh leis an *agora* san Aithin. Ba sa sean-*Bouleuterion*, a tógadh tuairim na bliana 500 R.Ch. a thagadh an *boulé* (an chomhairle) le chéile anuas go dtí an bhliain 400 R.Ch. Ina dhiaidh sin is iad na hannála poiblí agus doiciméid an stáit a choinnítí ann. Tar a éis sin is sa *Bouleuterion* nua a thagadh an *boulé* le chéile. D'úsáideadh an *Tholos* an *prytany* mar áit chun codlata agus chun ite, agus bhíodh cistin agus leithreas ina chúl. Sa *Tholos* a choimeádtaí na miosúir agus na meácháin chaighdeánacha freisin. D'fhéachadh cúigear feidhmeannach chuige go n-úsáidfí miosúir chothroma. Ní foláir nó bhíodh an cúigear feidhmeannach gnóthach mar go mbíodh neart siopadóirí thart ar an *agora* agus a gcuid stallaí acu.

EOLAÍOCHT AGUS FEALSÚNACHT

Sampla den ealaín mhóideach. Mar chomhartha buíochais do na déithe a chuireadh othair leigheasta a leithéidí á ndéanamh.

B'fhearr le cuid mhaith Gréagach cloí lena dtraidisiúin agus bhídís amhrasach i dtaobh na bhfealsúna. Ach cuid eile, bhídís sásta na tuairimí nua a phlé.

Ba bhreá leis na Gréagaigh an chaint agus an argóint agus iad ar scáth na gréine sna hárais oscailte thart ar an *agora*. Phléidís gach ar bhain leis an saol – an chaoi a bhfeidhmíodh sé, an bun a bhí leis, agus an bun a bhí le hiompar daoine. An fhealsúnacht a thugaidís air sin – ciallaíonn an focal sa Ghréigis 'grá na heagnaíochta'.

AN BHREATHNÓIREACHT

Mar gheall air go raibh suim acu san eagnaíocht, ba iad na Gréagaigh a chuir eolas den chéad uair ar phrionsabail eolaíochta an nádúir. Ba de bharr breathnóireachta cruinne agus áirimh chruinn a d'éirigh leo sin a dhéanamh, e.g. thug an t-eolaí Airciméidéas faoi deara go n-éiríodh agus go n-íslíodh an t-uisce sa tobán folctha aige de réir mar a bhíodh sé istigh nó amuigh as. Rinne sé amach gurbh amhlaidh a dhíláithríodh a cholainn a comhthoirt féin uisce, agus go mbeadh sin fíor faoi rud ar bith a chuirfí san uisce. De réir an scéil lig sé liú as – *Eureka!* (tá sé agam!).

Theastaigh ó Ghréagaigh áirithe dul níos faide fós leis an scéal agus an bun a bhí leis an nádúr agus leis an dúlra a fhiosrú, e.g. cén sort ábhair a bhí sa domhan? An gcorraíodh nó an ngluaiseadh rudaí nó an mearbhall a bhí ann? Is léir, mar sin gur shuim leo na rudaí céanna a gcuireann fisiceoirí an lae inniu suim iontu. Bhí a gcuid tátal cruinn babhtaí agus míchruinn babhtaí eile. Bhí teoiric Leucippus as Miléiteas fíorchruinn, i.e. thuairimigh sé gur míreanna beaga bídeacha, i.e. adaimh, a bhí sa chruinne agus iad snaidhmthe le chéile ar bhealaí éagsúla agus iad ag síorghluaiseacht. Is é sin a deir fisiceoirí an lae inniu freisin.

Scriú meicniúil é seo le huisce a bhaint as abhainn agus é a thabhairt in airde go dtí talamh saothraithe. Tá sé ar cheann den bheagán gléasanna a cheap na Gréagaigh.

AN LEIGHEAS NUA

Tháinig athrú ar chúrsaí leighis freisin. Bhí Hipeacraitéas ar dhuine de na dochtúirí tosaigh nár dhóigh leis gur phionós ó na déithe iad galair. Scrúdaíodh sé a chuid othar lena fháil amach cad a bhí orthu agus mholadh sé cóireáil fheiliúnach fhóinteach dóibh. Níor rófhada ó thuairimí an lae inniu a chuid tuairimí. Ar dtús d'fhaigheadh sé amach gach a bhféadfadh sé faoin othar: a aois, an cineál oibre a dhéanadh sé, an t-iompar a bhíodh faoi agus a thréimhsí codlata. Dhéanadh sé é sin uile sula gceistíodh sé an t-othar faoi chomharthaí sóirt an ghalair. Ar Hipeacraitéas atá mionn na ndochtúirí bunaithe, i.e. mionn go ndéanfadh dochtúirí leas na n-othar i gcónaí. Tugtar leagan den mhionn sa lá atá inniu féin ann.

AN MHATAMAITIC

D'éirigh leis na Gréagaigh roinnt de rialacha na matamaitice a oibriú amach. Rinne Píotagarás as Samos tástáil le clocha beaga ar ghaineamh go bhfuair sé amach an coibhneas a bhíonn idir sleasa triantáin dhronuilligh. Fuair sé amach freisin go mbíonn coibhneas matamaiticiúil idir nótaí ceoil agus fad na sreinge a bhíonn á baint, nó fad na píbe a bhíonn á séideadh.

EOLAÍOCHT FHEIDHMEACH

Cé gur chuir na Gréagaigh go mór leis an eolaíocht níor mhór a suim sa teicneolaíocht, i.e. níor bhain siad leas aisti. Bhí siad gan muilte gaoithe ar feadh i bhfad, cuir i gcás. Ach theastaigh uathu a léiriú i gcónaí go raibh an eolaíocht fóinteach. Bhain Tailéas as Miléiteas feidhm as a chuid eolais ar an aimsir: nuair ba dhóigh leis go raibh dea-aimsir ag teacht agus go mbeadh sí fóinteach le hológa a shaothrú, agus mar sin go mbeadh an fómhar go maith cheannaigh sé an-chuid fáisceán ológ agus ghnóthaigh sé brabach mór.

Sócraitéas, duine de mhórfhealsúna na Gréige. Dhéanadh sé a dhícheall daoine a thabhairt ar an bhfírinne trí cheisteanna a chur orthu agus cead acu a rogha féin freagra a thabhairt orthu.

TUAIRIMÍ CONTÚIRTEACHA

Níor thaitin fiosracht ná cumas samhlaíochta na bhfealsúna le cuid de na daoine. Mar shampla thuig Sócraitéas gurb é an té is tuisceanaí an té a mbíonn a fhios aige nach eol dó féin dada. Nuair a thriail sé a chur ina luí ar mhuintir na hAithine nárbh eol dóibhsean dada ach a oiread, chuir siad ina aghaidh agus dhaor siad chun báis é á rá go raibh sé ag maslú na ndéithe agus ag cur daoine óga amú. Tugadh deoch nimhe den sú as moing mhear dó mar phionós as sin agus fuair sé anbhás.

Sa chúlra a bhaineann leis an rilíf mhóideach seo thíos tá nathair nimhe ag baint greama as duine. Sa tulra tá dochtúir ag cur cóir leighis ar an othar.

27

CÚRSAÍ SPÓIRT AGUS ACLAÍOCHTA

Ba mhór ag na Gréagaigh an aclaíocht coirp chomh maith leis an aclaíocht intinne. Chun a bheith ina shaoránach fónta bhíodh ar dhuine a bheith páirteach i gcúrsaí lúthchleasaíochta agus i gcluichí agus é óg. Bhíodh súil go leanfadh sé leis sin chomh fada is a bheadh sé in ann.

CLUICHE LE hAGHAIDH NA mBAN

Ní bhíodh cailíní ná mná páirteach i gcúrsaí spóirt; imirt murlán an t-aon chluiche, go bhfios dúinn, a d'imríodh cailíní na hAithine. Ach is cinnte go n-imríodh idir fhir is mhná cluichí áidh eile. Go deimhin féin, tá cláir imeartha le feiceáil fós scríobtha ar shuíocháin mharmair amharclanna na Gréige. Caithfidh go mbíodh daoine ag imirt ar na cláir imeartha sin agus iad ag fanacht go dtosódh na drámaí.

Buachaillí amháin, is cosúil, a d'imríodh haca. Ní bhíodh éileamh ag an bpobal ar chluichí foirne. Is chun go mbainfeadh an duine aonair a bhuaic amach a chuireadh na Gréagaigh suim i gcúrsaí spóirt go háirithe i gcúrsaí lúthchleasaíochta.

Ailt rúitíní gabhar nó bó a bhíodh in úsáid sna cluichí murlán a mbíodh oiread sin tóir ag cailíní agus ag buachaillí orthu. Chaití na murláin in airde agus bheirtí orthu le droim na láimhe.

Bhíodh an fhíor thuas de charbadóir ar mhéid nádúrtha ina seasamh fadó ar charbad ceithre chapall.

REATHAÍOCHT

Thaitin an reathaíocht leis na Gréagaigh agus ba ar ghaineamh a dhéanaidís an rith – le cur leis an deacracht. Faid éagsúla a bhíodh sna rásaí mar atá i gcás na lúthchleasaíochta nua-aimseartha: fad simplí, i.e. fad staide, tuairim 200 m; fad dúbailte (dhá fhad); agus an rás fada (suas le fad 24 staid nó 4,000 m). Bhíodh rás amháin ann ina mbíodh na fir faoi chultacha airm – ba é an aidhm a bhí leis an lúthchleasaíocht ar fad, ar ndóigh, ná cleachtadh coirp a thabhairt do na hiomaitheoirí ionas go mbeidís aclaí go leor don chogaíocht. Ainmníodh an rás maratón atá againn inniu as an turas reatha ó Chath Mharatóin (féach lgh 42-43) a ritheadh chun scéala an bhua a thabhairt go dtí an Aithin a bhí 42 km ó láthair.

AN IOMRASCÁIL AGUS AN DORNÁLAÍOCHT

Ba mhór ag na Gréagaigh an iomrascáil mar go dteastódh neart agus lúfaireacht chuige agus géire intinne. I bpuiteach agus i ndeannach a dhéantaí an iomrascáil – dá mbeadh deannach ar dhuine b'fhusa breith air agus os a choinne sin dá mbeadh puiteach air is amhlaidh ba dheacra sin a dhéanamh! Bheadh an bua ag an té a leagfadh a chéile comhraic go talamh ar a dhroim trí huaire agus a choinneodh a ghuaillí le talamh.

Nuair a bhídís ag dornálaíocht bhíodh caipín cré-umha ar chloigeann gach dornálaí. Bhíodh call leis sin mar go mbíodh stiallacha leathair ar dhoirne na dtrodaithe agus iad breactha le miotal. Bhíodh na troideanna fuilteach go minic. Ba mheasa fós an *pancration* (meascán d'iomrascáil agus de dhornálaíocht). Sa chás sin bhí cead ag fear breith ar a chéile comhraic agus é a bhualadh nó a thachtadh, ach ní ligtí dó greim a bhaint as.

COMÓRTAS CÚIG MHÍR

Bhíodh ar na hiomaitheoirí sa chomórtas sin dul sa choimhlint i gcúig mhír éagsúla: reathaíocht, iomrascáil, an léim fhada, caitheamh an diosca agus caitheamh an gha. Ní bhíodh aon léim ard i gcomórtais na sean-Ghréige. Is dócha gur preab, coiscéim agus léim a dhéanaidís seachas léim fhada an lae inniu. De réir na lámhscríbhinní léimidís achar fada. Bhíodh meáchan cloiche nó miotail á iompar ag na hiomaitheoirí – chun tosaigh is dócha a luasctaí é le gurbh fhaide an léim. Ní fios fós cén sórt moltóireachta a dhéantaí ar an gcomórtas cúig mhír – ach tá an chuma air nach ligtí ach do na buaiteoirí sa léim fhada agus i gcaitheamh an diosca agus i gcaitheamh an gha, cur isteach ar an reathaíocht agus ar an iomrascáil.

AINMHITHE SPÓIRT

Ba dhóigh leis na Gréagaigh nach raibh dada bunoscionn le spórt a bhaint as ainmhithe, e.g. chuirtí troideanna ar bun idir phatraiscí, idir ghearga, agus idir choiligh. Chuirtí geallta orthu freisin. Bhíodh éileamh ag an bpobal ar rásaíocht charbad ach níorbh acmhainn ach don dream saibhir amháin a bheith páirteach inti. Ba chuig úinéir an chapaill seachas chuig an gcarbadóir a théadh an duais, rud a d'fhágadh go mbíodh deis ag na mná an duais a bhaint, e.g. bhí Cinisce, deirfiúr le rí de chuid Sparta ar an gcéad úineír mná a raibh carbad aici sna rásaí in Oilimpia.

Gach ceathrú bliain thagadh deireadh leis an gcogaíocht agus bhíodh na cluichí Oilimpeacha ann. Thiomnaítí do Shéas iad agus ar na comórtais bhíodh: rásaí carbad, reathaíocht, dornálaíocht agus iomrascáil. Bhronntaí fleasc labhrais ar gach buaiteoir.

Spartaigh agus farasbarr éadaigh orthu ag damhsa thart ar chrúsca fíona. Is dócha gur deasghnáth é seo a bhain le Diníseas, dia an fhíona.

Ótharla gur mhór ag na Gréagaigh an aclaíocht bhíodh cúrsaí lúthchleasaíochta go mór chun tosaigh i gcaitheamh na bhféilte creidimh a bhíodh ann chun na déithe agus na bandéithe a adhradh. Ar ndóigh, bhíodh mórshiúlta agus deasghnátha ann freisin.

OILIMPIA

Comórtais lúthchleasaíochta ar fad beagnach a bhíodh i gcuid de na féilte creidimh, e.g. na comórtais iomráiteacha a bhíodh in Oilimpia gach ceithre bliana in onóir don dia Séas. Bhíodh cead ag gach pobal Gréagach a bheith páirteach iontu. Chuirtí teachtairí ar fud na Gréige uile le sos cogaidh a fhógairt agus bhíodh deireadh leis an troid ar feadh na féile. Ar na comórtais eile a mbíodh na Gréagaigh ar fad páirteach iontu bhí comórtais Dheilfe in onóir don dia Apolló, comórtais Isthmia in onóir don dia Poiséadón, agus comórtais Nemea in onóir do Shéas arís. Théadh cuid de na lúthchleasaithe thart ó cheann go ceann de na ceithre chomórtas sin.

Bhíodh féile mhór na hAithine ann gach ceathrú bliain. Ag seo thíos cuid den fhríos ar bhalla an Pharthenon. Táthar ar tí an bhodóg a íobairt chun na ndéithe.

FÉILTE ÁITIÚLA

Bhíodh lúthchleasaíocht ag na féilte áitiúla freisin. San Aithin, mar shampla, ag an bhféile in onóir don bhandia Ataene bhíodh iliomad cineálacha rásaí ar bun san *agora*, e.g. léim ar charbad agus léim as agus é sa siúl. Ba é an duais ar na comórtais sin ná vásaí coimisiúnaithe de dhéantús na hAithine féin agus iad lán le hola ológ as an Ataic. Ba mhaith an chaoi é sin le poiblíocht a fháil do dhéantús na cathrach. Ach ní raibh aon cheann de na comórtais sin inchurtha le comórtas Oilimpia maidir le glóir agus gradam an bhua. Fleasc duilleog olóige a bhíodh mar dhuais ansiúd.

MÓRSHIÚLTA

Ba é an mórshiúl an chuid ba thábhachtaí de mhórfhéile na hAithine, rud a bhí fíor faoi na féilte eile chomh maith. Fearacht ócáidí stáit inniu bhíodh an t-eagrú cuí ag teastáil – gach uile dhuine a bheith san ord ceart, an feisteas cuí orthu agus na hárthaí agus na ciseáin chuí acu. Bhíodh amhránaithe agus ceoltóirí ar na mórshiúlta freisin agus ba dheis ag na mná é bheith páirteach sa saol poiblí. Ba é an radharc ba mhó ag féile mhór na hAithine ná an fhallaing le haghaidh dhealbh Ataene a thugadh na daoine leo agus í ceangailte mar bhratach ar chrann báid a bhíodh á sá trí na sráideanna. Bhíodh gradam ag na mná a bhíodh tar éis an fhallaing ollmhór sin a fhí.

ÍOBAIRTÍ

Dhéantaí íobairt i ndeireadh na Féile Móire san Aithin. Íobairt dhaonna a bhíodh i gceist go luath i stair na Gréige agus is dócha go ndéantaí daoine a íobairt i gcaitheamh na ré clasaicí i gceantair tuaithe. Ach bó nó caora nó gabhar a d'íobraítí go hiondúil. D'fhágtaí mír den fheoil i leataobh le haghaidh an dé ach is iondúil gur mhír í nach dteastaíodh ó aon duine. Bhruití an chuid eile den bheithíoch le haghaidh na ndaoine mar b'annamh a d'fhaighidís feoil.

Sheinntí na píoba dúbailte (auloi) i gcaitheamh féilte agus mórshiúlta. Bhíodh deocáin sna píoba mar a bhíonn san óbó nua-aimseartha. Choinntí sa bhéal iad le strapa leathair.

Ba é an chuid ba thábhachtaí d'Fhéile Mhór na hAithine an mórshiúl ina n-iompraítí an fhallaing le haghaidh dealbh Ataene a bhíodh san Erechtheum. Chuirtí an fhallaing ar chrann loinge agus tharraingítí an long trí na sráideanna agus í in airde ar rollóirí.

FÉILTE EILE

Ba mhór ag na Spartaigh féin féilte, e.g. bhíodh deasghnátha ann i gcaitheamh an earraigh sula dtosaíodh an treabhadh agus chuireadh cór cailíní ó theaghlaigh ghustalacha fáilte roimh éirí na gréine. In ainneoin go raibh an-suim go deo ag na Spartaigh sa chogaíocht ní raibh siad in am ag Cath Mharatóin mar go raibh siad ag ceiliúradh ceann d'fhéilte na gealaí láine. Bhíodh tuairim is 150 lá d'fhéilte in aghaidh na bliana ag an Aithin agus bhíodh tuismitheoirí uaillmhianacha ag gearán go mbíodh an iomarca saoire ag na daltaí.

31

AN AMHARCLANN

Mionsamhail déanta as cré bhruite d'aisteoir de chuid na coiméide agus é i bpáirt sclábhaí. Tá masc línéadaigh righin air.

Sa lá atá inniu ann ní hionann dul chuig an amharclann is dul chun an tséipéil. Ach sa tsean-Ghréig ba leis na déithe a adhradh a chuirtí drámaí ar bun. Ba é Diníseas dia na hamharclainne agus dia an fhíona mar gur bealaí iad an dá rud sin le héalú ón saol laethúil.

AMHRÁNAÍOCHT AGUS DAMHSA

Is forbairt í an drámaíocht ar an amhránaíocht agus ar an damhsa a dhéantaí agus Diníseas á adhradh. Ar phíosa cruinn de thalamh cothrom ar a dtugtaí an *orchestra* a chuirtí na drámaí ar bun. Ciallaíonn an focal 'ionad le haghaidh damhsa' agus ba é a bhí ann ar dtús, is dócha, an áit ina mbuailtí an t-arbhar i mbailte beaga na Gréige.

Ba chuid thábhachtach de na drámaí an cór amhránaithe agus damhsóirí. Le himeacht aimsire cuireadh tús le nós nua. Sheasadh an té ba thábhachtaí sa chór amach chun cinn ar an gcór agus labhraíodh sé – sin é mar a cuireadh tús leis an aisteoireacht. Ach ní bhíodh ach a dó nó a trí d'aisteoirí ann agus is minic a bhíodh an amhránaíocht agus an damhsa ar siúl idir na radhairc. Ba gheall le dul ar cheoldráma inniu a dhul chuig amharclann an uair úd.

DRÁMADÓIRÍ AGUS DUAISEANNA

Bhíodh comórtais drámaíochta ann a chuirtí ar siúl go poiblí mar a bhíodh i gcás na lúthchleasaíochta. Bhíodh a leithéidí ar bun san Aithin ar feadh ceithre lá go minic agus triúr drámadóirí coiméide agus triúr drámadóirí traigéide páirteach iontu. Thugtaí duaiseanna don té ab fhearr sa dá roinn, e.g. reithe ar son na traigéide ab fhearr agus lán ciseáin figí agus crúsca mór fíona ar son na coiméide ab fhearr. Níos déanaí chuirtí fleasc duilleog eidhinn ar chloigeann an drámadóra ab fhearr.

'Go deimhin féin, ba bhreá an rud é culaith cleití a bheith orainn. Cuimhnigh, a lucht féachana, dá mbeadh péire sciathán oraibh nár chall daoibh fanacht ag éisteacht le cór na traigéide agus sibh tuirseach agus scrúdta ag an ocras.
Nuair a d'éireodh sibh bréan den dráma, d'fhéadfadh sibh bhur sciatháin a leathadh agus imeacht libh, agus teacht ar ais tráthnóna le éisteacht leis an gcoiméide.'

— Arastafainéas —

Aisteoirí Gréagacha ag glacadh páirte i ndráma. Tá an bheirt ar deis i bpáirt ceinteáir ar a dtugtar Chiron. Tá siad ceangailte le chéile le fallaing ar nós capaill gheamaireachta.

AMHARCLANN DE CHUID NA GRÉIGE

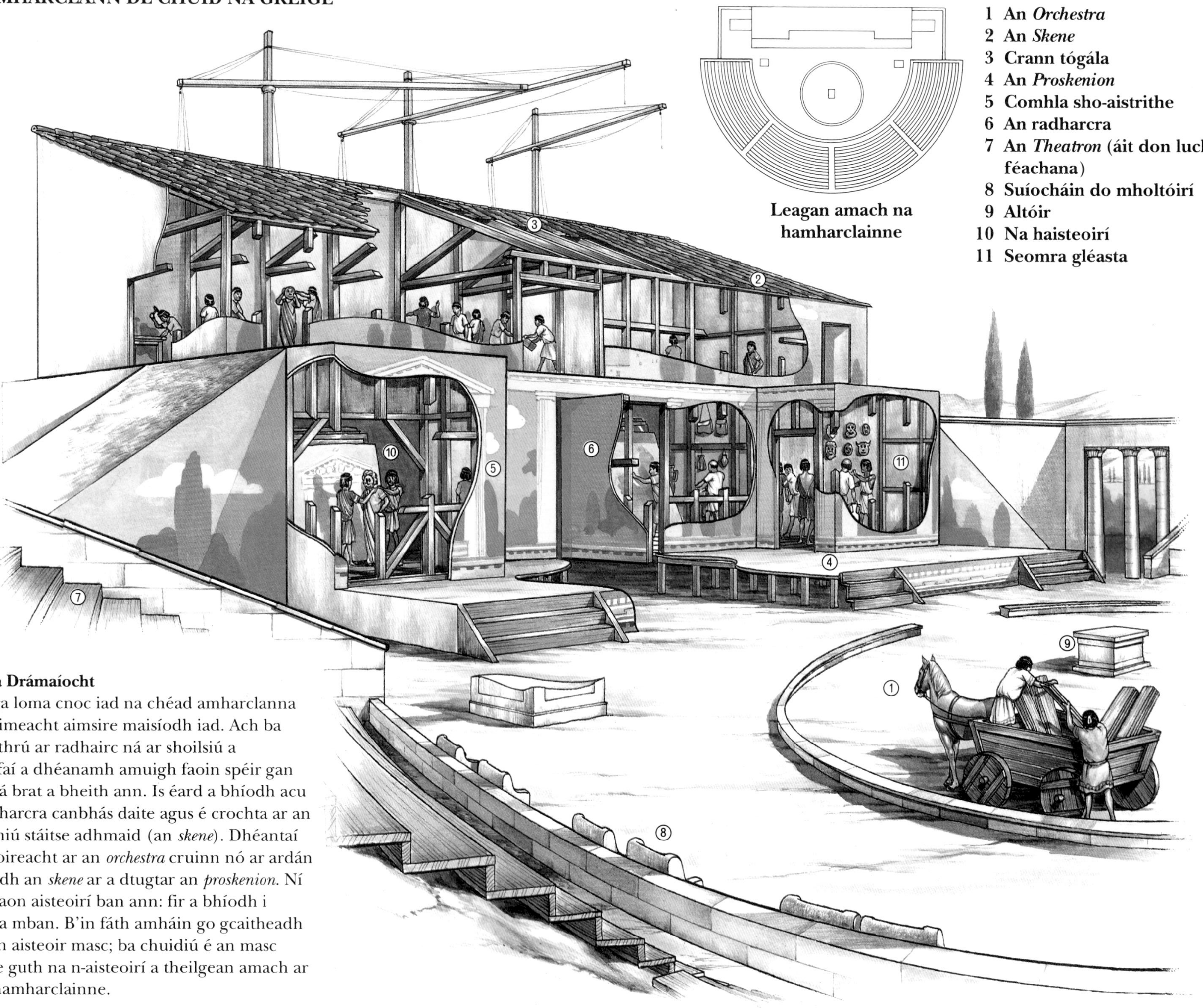

1 An *Orchestra*
2 An *Skene*
3 Crann tógála
4 An *Proskenion*
5 Comhla sho-aistrithe
6 An radharca
7 An *Theatron* (áit don lucht féachana)
8 Suíocháin do mholtóirí
9 Altóir
10 Na haisteoirí
11 Seomra gléasta

Leagan amach na hamharclainne

Maisc sa Drámaíocht

Ba learga loma cnoc iad na chéad amharclanna ach le himeacht aimsire maisíodh iad. Ach ba bheag athrú ar radhairc ná ar shoilsiú a d'fhéadfaí a dhéanamh amuigh faoin spéir gan stáitse ná brat a bheith ann. Is éard a bhíodh acu mar radharcra canbhás daite agus é crochta ar an bhfoirgniú stáitse adhmaid (an *skene*). Dhéantaí an aisteoireacht ar an *orchestra* cruinn nó ar ardán ar aghaidh an *skene* a dtugtar an *proskenion*. Ní bhíodh aon aisteoirí ban ann: fir a bhíodh i bpáirt na mban. B'in fáth amháin go gcaitheadh gach aon aisteoir masc; ba chuidiú é an masc freisin le guth na n-aisteoirí a theilgean amach ar fud na hamharclainne.

DÉITHE AGUS BANDÉITHE

Diníseas, dia an fhíona, ag cur fíniúnacha ag fás ar bord loinge agus ag déanamh deilfeanna de na foghlaithe mara atá ag iarraidh é a fhuadach.

Ba léir do na Gréagaigh gur chuma má bhí cion ag duine ar a chuid gasúr, má d'fhreastail sé ar an *gymnasium* go rialta nó má bhí sé páirteach i gcúrsaí polaitíochta, nach raibh a shaol faoina smacht féin ina dhiaidh sin féin. Dar leo, bhíodh neacha neamhshaolta, ar a dtugtaí *moira* (na Cinniúintí), ag cur isteach ar an saol agus nach bhféadfadh aon duine a rá cad a bheadh i ndán dó.

DÉITHE SHLIABH OILIMPEAS

Ba é tuairim na nGréagach go raibh déithe agus bandéithe ann a raibh smacht acu ar an gcinniúint. Bheartaigh siad mar sin na déithe a shásamh chun go mbeadh saol níos fearr acu. Thiomnaítí na príomhimeachtaí – cluichí, drámaí, mórshiúlta agus íobairtí – do dhéithe ar leith ag brath ar na nósanna áitiúla.

Bhí go leor déithe agus bandéithe sa Ghréig ach bhí dhá cheann déag thábhachtacha ann agus iad ina gcónaí ar Shliabh Oilimpeas, an sliabh is airde sa tír. Mar gur neachtar agus ambróise a d'ithidís tuigeadh do na Gréagaigh nach dtiocfadh an aois orthu agus nach bhféadfaidís bás a fháil.

Ba é Séas an dia ba chumhachtaí den dáréag sin. Bhí smacht ag a dheartháir, Poiséadón, ar an bhfarraige agus ba é a mhac, Apolló, a dtugtaí ómós dó i nDeilfe, dia an cheoil. Ba é Hephaestus dia na gaibhneachta agus ba é Airéas dia an chogaidh ach nár bhain mórán tábhachta leis. Ba é Heirméas, a mbíodh sciatháin ar a chuid cuarán, teachtaire na ndéithe. Ar na bandéithe bhí Héire, bean Shéas, bandia an phósta. Ghlac sí cúram na mban ó Artaimís, bandia na gealaí agus cosantóir cailíní óga. Ba í Afrodaíte, bandia an ghrá, an té ba bhanúla de dhéithe Oilimpeas, agus níorbh ionann chor ar bith í agus Ataene, bandia an chogaidh. Ba í Heistia, deirfiúr Shéas, bandia an teallaigh. Ba í Déiméitéir, deirfiúr eile le Séas, bandia na bplandaí uile.

Vása agus roinnt de ghníomhartha móra an laoich Téiséas léirithe air. Léirítear Téiséas agus cráin fhiáin Chrommyum á marú aige, ag cumadh ealaín na hiomrascála, agus ag marú an mhionótáir a mbíodh trácht air sna seanscéalta.

DEARCADH ÉAGSÚIL

Ba iad na déithe céanna a d'adhradh na Gréagaigh ar fad ach shíl pobail éagsúla tréithe éagsúla leo. Ba í Artaimís bandia an fhiaigh agus na mban óg in Brauron na hAtaice. Ach in Ephesus ba í Artaimís a nguíodh mná anonn san aois chuici dá mbeadh leanaí uathu. Is léir, mar sin, go mbíodh tuairimí dá gcuid féin ag na Gréagaigh faoi chúrsaí creidimh chomh maith le polaitíocht.

SCÉAL GRINN

Ní i gcónaí a bhíodh na Gréagaigh dáiríre faoina gcuid déithe, e.g. nuair a d'éiligh muintir na hAithine airgead ar oileán Andros dúirt siad leo go raibh beirt déithe acu san Aithin darbh ainm 'más é do thoil é', agus 'b'fhearr daoibh'. Ba é an freagra a thug muintir Andros orthu ná go raibh an t-oileán acu féin chomh bocht sin nach raibh ann ach beirt déithe nach raibh sásta imeacht, darbh ainm 'níl pingin agam' agus 'is oth liom a rá'. B'in le rá nach raibh aon mhaith ann a bheith ag bagairt orthu mar nach raibh aon airgead acu le tabhairt do mhuintir na hAithine.

Chun na déithe a shásamh agus fabhar a fháil uathu thógadh na Gréagaigh teampaill bhreátha leis an ábhar ab fhearr a bhíodh ar fáil. Chreididís gurbh iad na teampaill áitreabh na ndéithe, a raibh siad tiomnaithe dóibh, ar an saol abhus.

TRÉITHE DAONNA

De réir na scéalaíochta chuireadh na déithe cló duine orthu féin go minic agus dhéanaidís dochar, e.g. thiteadh Séas i ngrá le gnáthmhná go minic is d'fhuadaíodh sé iad. Chuireadh sé sin olc ar a bhean Héire.

Níor thug na déithe dea-shampla do na Gréagaigh ná níor mhúin siad ceart agus cóir dóibh. Is amhlaidh a bhíodh na déithe an-chosúil leo féin – d'ithidís an iomarca, bhídís i ngrá agus bhíodh caimiléireacht ar siúl acu. Níorbh ar mhaithe le suáilce, foighne ná tuiscint a ghuíodh na Gréagaigh chucu ach chun go mbeadh níos mó smachta acu ar a saol féin.

NA CREIDIMH RÚNDA

Bhí suim ag creidimh áirithe i gcúrsaí beatha agus báis (mar a chaitheann daoine a saol) agus ina leanann an bás. Creidimh rúnda a bhí iontu agus dá bhrí sin is beag atá a fhios againn fúthu. Ar na creidimh ba mhó tóir bhí creideamh an bhandé Déiméitéir agus a hiníon, Peirsifine, in Eleusis.

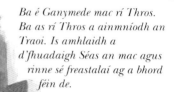

Ba é Ganymede mac rí Thros. Ba as rí Thros a ainmníodh an Traoi. Is amhlaidh a d'fhuadaigh Séas an mac agus rinne sé freastalaí ag a bhord féin de.

Dhéanadh na Gréagaigh an-iarracht na déithe a choinneáil sásta. Ghuíodh na daoine chucu áit ar bith dá mbídís ach shíl siad gurbh áiteanna speisialta guí iad uaimheanna agus mullaí sléibhte. Thógaidís teampaill mar áiteanna cónaithe do na déithe ar an saol abhus agus dhéanaidís iad a adhradh iontu.

NA TEAMPAILL

Ba é an leagan amach céanna a bhíodh ar na teampaill a bhíodh ar fud na Gréige, i.e. seomra mór (*cella*) ina mbíodh dealbh an dé; seomra beag ar a chúl sin ina mbíodh na hárthaí agus na héadaí naofa; colúin áille taobh amuigh thart timpeall an árais; agus altóir chloiche ar an mbealach isteach sa *cella*. Bhíodh buntomhais na dteampall de réir a chéile, e.g. bhí an Parthenon san Aithin déanta sa chaoi go gceapfaí gur líne dhíreach gach cuid di. Bhíodh fríosanna snoite agus dealbha áille iontu agus iad daite go geal. Bhí na daoine ceaptha breathnú ar na teampaill ón taobh amuigh agus ba ar an altóir lasmuigh a dhéantaí an íobairt chun na ndéithe.

Thógtaí díonta na dteampall in airde ar cholúin bhreátha sa stíl Iónach (thuas ar fad) nó sa stíl Dhórach (thuas).

Fear ag iarraidh comhairle ar an bpitia – an bansagart a thugadh freagra an aitheascail i dteampall Apolló i nDeilfe. Dhéanadh sí tairngreacht tar éis di múch áirithe a shú isteach ina scamhóga ón scailp fúithi chun néal a chur uirthi féin.

SAGAIRT AGUS BANSAGAIRT

Cheaptaí sagairt agus bansagairt le cúram a dhéanamh d'adhradh na ndéithe agus de na teampaill. Bhraitheadh an obair a bheadh le déanamh acu ar éileamh an phobail ar an gcreideamh. In ionaid a mbíodh tarraingt na sluaite orthu chaitheadh na sagairt an t-am ag socrú lóistín do na cuairteoirí, e.g. ionad leighis Aesclepius in Epidauros. Ní bhíodh na sagairt ná na bansagairt sin oirnithe – ba ghnáthdhaoine iad. Ba mhinic a chuirtí an tsagartacht ó ghlúin go glúin. Ach ba é rialtas an chathairstáit, na *magistrati* agus comhdháil an phobail, a chinneadh ar na rudaí móra.

Táibléad luaidhe agus ceist le haghaidh an aitheascail air: 'Is é an cheist atá ag Hearmón, cén dia ar chóir dó guí chuige chun go mbeadh leanaí fóinteacha aige lena bhean Kretaia i dteannta na leanaí atá aige cheana féin.'

AITHEASCAIL

Chomh maith le híobairtí a ofráil agus deasghnátha a chomhlíonadh d'iarradh na Gréagaigh comhairle ar na déithe. Dhéantaí é sin mar a mbíodh na haitheascail naofa agus ba é Aitheascal Dheilfe an té ba mhó cáil. Thagadh daoine ó dhomhan iomlán na Gréigise ag lorg comhairle ar Aitheascal Dheilfe agus d'fhágadh cuid díobh bronntanais luachmhara ina ndiaidh. D'fhéadtaí Apolló a cheistiú i nDeilfe trí mheán bansagairt (an pitia). Shuíodh sise ar stól tríchosach os cionn scailpe sa charraig. Nuair a d'iarrtaí comhairle ar an bpitia (*pythia*) thagadh néal uirthi – de bharr múiche as an scailp fúithi, b'fhéidir. Bhíodh an freagra chomh doiléir sin go mbíodh ar na sagairt ciall a bhaint as athuair.

TAIRNGREACHTAÍ

Rinne bansagairt Dheilfe roinnt tairngreachtaí a bhfuil tuairisc orthu. D'fhiafraigh Créasas, rí saibhir na Lidia, den aitheascal ar cheart dó ionradh a dhéanamh ar thír eachtrach áirithe. Is é an freagra a tugadh air ná, 'Má dhéanann tú, millfear impireacht mhór'. Níor chuimhnigh Créasas a fhiafraí cén impireacht a bhí i gceist. Rinne sé ionradh ar an tír, cloíodh é agus i ndeireadh báire ba í a impireacht féin a scriosadh.

Rinne Créasas a dhícheall a fháil amach roimh ré an bhféadfaí brath ar fhocal an aitheascail. Chuige sin chuir sé teachtairí chuig na haitheascail ar fad i ndomhan na nGréagach lena fhiafraí díobh cad a bhí ar siúl aige féin lá áirithe. An lá áirithe sin ghearr Créasas toirtís agus uan ina mionphíosaí agus bhruith sé iad i gcoire cré-umha. Ba ag aitheascal Dheilfe amháin a bhí a fhios cad a bhí déanta aige.

DÍSLÍ Á gCAITHEAMH

Bhíodh modhanna éagsúla ag sagairt na n-aitheascal lena mbeadh le tarlú a thuar. Mura mbeadh ó dhuine ach freagra dearfach nó diúltach ní bheadh le déanamh aige ach díslí a chaitheamh nó rud a chur ar crainn. Deirtí le daoine in Patara na Licia breathnú ar dhromchla uisce fuaráin le fios a fháil ó Apolló. In Dodona i dtuaisceart na Gréige deirtí leo éisteacht le glór Shéas ag siosarnach trí dhuilleoga na gcrann darach.

Bealach eile le fáistine a dhéanamh ba ea staidéar a dhéanamh ar an iompar a bheadh faoi éin. Is amhlaidh a bhíodh baint ag éan áirithe le dia áirithe, e.g. an t-ulchabhán le hAtaene. Níor chreid gach uile dhuine sna cúrsaí sin, e.g. Arastafainéas a scríobh dráma, **Na hÉin**, ina ndearna sé magadh faoi dhaoine a chreideadh in aitheascail. Mar sin féin, d'iarradh rialtais na gcathairstát féin comhairle ar na haitheascail uaireanta.

Is é an dealbhóir Féadas a rinne an dealbh bhreá de Shéas a bhí i dteampall Oilimpe. Ba cheann de Sheacht nIontas an Domhain í. Bhí sí 12 mhéadar ar airde, craiceann eabhair uirthi agus fallaing óir.

37

BÁS AGUS ADHLACADH

Bhíodh Ceirbearas, madra na dtrí chloigeann, ar garda ag an mbealach isteach sa saol eile. Is é a bhíodh le déanamh aige ná daoine beo a choinneáil amach agus anamacha na marbh a choinneáil istigh.

Ní chuireadh an bás mórán imní ar na Gréagaigh – b'fhearr leo sult a bhaint as an saol. Chreid siad san anam, áfach, agus bhíodh deasghnátha acu chun cuidiú leis na mairbh an t-aistear a chur díobh go dtí an saol eile. Faoi thalamh a bhí an saol eile agus is ann a théadh gach uile dhuine nuair a d'fhaigheadh sé bás.

SOCRUITHE SOCHRAIDE

Nuair a d'fhaigheadh duine bás nití agus d'ungtaí an corp agus ansin ghléasadh a ghaolta ban an corp i scaoilteog fhada bhán. Leagtaí amach an corp ansin chun go mbeadh na gaolta agus na cairde in ann é a fheiceáil.

An lá dár gcionn roimh éirí na gréine théadh an tsochraid chun siúil. Ní fhéadfadh ach daoine a mbeadh gaol gairid acu leis an marbhán agus mná os cionn seasca bliain d'aois an corp a thionlacan chun na reilige. Ba mhinic a dhéanadh na mná úd caointeoireacht agus greadadh uchta. Ar nós mórshiúlta eile de chuid na Gréige bhíodh tionlacan ceoil leis an tsochraid.

ANAMACHA SEACHRÁNACHA

Ba mhór ag na Gréagaigh na tuamaí; dá n-uireasa rachadh an t-anam ar seachrán go deo. Dá bhfaigheadh duine bás go tobann agus nach mbeadh tuama ar fáil lena chur ann chaití trí mhám créafóige ar an gcorp chun nach rachadh an t-anam ar seachrán.

D'fhágtaí roinnt bia agus dí agus giuirléidí de chuid an duine, sa tuama. Fuarthas roinnt tuamaí agus feadáin ag dul isteach iontu ón taobh amuigh chun a thuilleadh bia agus dí a chur sa tuama. Tar éis na sochraide théadh an mhuintir abhaile arís chun dinnéir speisialta. Mhaireadh an tréimhse bhróin go ceann 30 lá ina dhiaidh sin.

SOCHRAIDÍ NA SPARTACH

Ní bhaineadh an rírá céanna le sochraidí Sparta – ní bhíodh aon chaointeoireacht ann ná ní dhéantaí balsamú ar an gcorp. Istigh sa chathair a chuirtí na mairbh chun go mbeadh an ghlúin óg cleachta ar an mbás agus nach mbeadh faitíos acu roimhe. Ní chuirtí aon ghiuirléidí i dteannta an choirp. Ní mhaireadh an tréimhse bhróin ach go ceann 11 lá.

TRASNÚ ABHAINN AN STIOCS

Tar éis an corp a chur thugadh an dia Heirméas an t-anam go dtí ceann de na bealaí isteach sa saol eile, e.g. abhainn an Stiocs san Arcáid. Is amhlaidh a chuireadh na gaolta óbal (bonn airgid) i mbéal an mharbháin sula gcuirtí é mar go mbíodh táille óbail le híoc dá dteastódh uaidh go dtabharfadh an bádóir, Carán, anonn thar an Stiocs é.

Bhain Arastafainéas úsáid as móitíf an Stiocs ina dhráma, **Na Froganna**. Sa dráma úd bíonn cór froganna ag grágaíl agus an dia Diníseas á iompar anonn thar an Stiocs agus é bréag-ghléasta mar an laoch Héirciléas agus é á ligean air féin go raibh misneach aige.

AN SAOL EILE

Áit le haghaidh scáileanna ba ea an saol eile ar an taobh thall den abhainn. Bhíodh formhór na ndaoine ag fálróid thart, ach daoine a chaith saol maith chuirtí go hÉilísiam iad áit a mbíodh sonas agus suaimhneas.

Earraí déantaí as cré bhruite a fuarthas in uaigh cailín óig – bábóg ar ríchathaoir, buataisí beaga, agus sciath cheathrún a chuireadh na mná orthu féin agus iad ag réiteach na holla.

Sochraid ar a bealach chuig tuama taobh amuigh den bhaile. Tá ceoltóirí ag seinm agus mná caointe ag greadadh a n-uchta. Tá giuirléidí an mharbháin ag na gaolta lena gcur sa tuama chomh maith le hola agus cácaí meala mar ofráil chun na ndéithe.

Iadsan a bhí fíorghránna ar an saol abhus chuirtí i mbun gnóthaí dodhéanta iad, e.g. cuireadh Sisifeas i mbun cloch mhór a rolladh suas in aghaidh an aird agus go rolladh sí ar ais de shíor. Bhíodh ar pheacach áirithe, Tantalas, seasamh agus an t-uisce go dtí a mhuineál air ach gan é in ann an t-uisce a ól – gach uair a ndéanadh sé iarracht d'imíodh an t-uisce uaidh.

Ba é Háidéas a bhí i gceannas na ríochta úd. De réir na scéalaíochta d'fhuadaigh sé Peirsifine, iníon an bhandé Déiméitéir. Chuaigh Déiméitéir go bog is go crua ar Shéas tabhairt ar Háidéas Peirsifine a chur ar ais, agus thug. Ach idir an dá linn bhí sí tar éis sé cinn de shíolta pomagránaite a ithe, rud a chiallaigh gurbh éigean di sé mhí as gach uile bhliain a chaitheamh ar an saol eile. Ba éard a chreid na Gréagaigh go dtugadh sí an t-earrach léi ar an saol abhus nuair a thagadh sí ar ais gach uile bhliain. B'in míniú amháin a bhí acu ar na séasúir.

LONGA NA nGRÉAGACH

Giota snoíodóireachta ar leac uaighe é seo a léiríonn hoiplíteach agus é ina shuí ar thosach tríréime.

Ba chuid mhór de shaol na nGréagach an fharraige agus chuir siad feabhas go leanúnach ar a gcuid long. Lasmuigh de sin ba bheag suim a bhí acu sa teicneolaíocht. Ba ríthábhachtach agus ba ríchasta an rud í long sa saol fadó.

LONGA TRÁDÁLA AGUS LONGA COGAIDH

Maidir leis na longa trádála is le haghaidh lasta a iompar a thógtaí iad agus ní leagtaí béim ar an luas. Bhíodh na longa sin leathan domhain agus sheoltaí iad de rogha ar iad a iomramh. Ní bhaintí leas as maidí rámha ach chun iad a stiúradh nó nuair nach mbíodh aon ghaoth ann. Dhéantaí iomramh ar longa cogaidh, áfach, mar bhídís éadrom cúng agus éadomhain san uisce.

MÚRTHA ADHMAID

D'áitigh ceannaire de chuid na hAithine, Teimisticléas, ar shaoránaigh na cathrach an brabach a fuair siad ar mhianach airgid an Lavrion a úsáid chun cabhlach nua a dhéanamh. Ba thábhachtach an cinneadh é sin i stair na Gréige. Dúirt an pitia (bansagart Dheilfe) le muintir na hAithine a 'muinín a chur ina múrtha adhmaid' agus ionsaí á bhagairt ag na Peirsigh.

Is é an chiall a bhain muintir na hAithine as na 'múrtha adhmaid' ná a gcuid long seachas múrtha adhmaid an daingin a bhí thart ar an Acrapail. Ghlac siad le comhairle an aitheascail agus nuair a dódh an chathair is éard a bhí le rá ag Teimisticléas leo: 'Tá cathair againn fad is atá longa againn'. Is aige a bhí an ceart. Ba iad na Gréagaigh a bhuaigh cath Salamis, cath mór ar muir, sa bhliain 480 R.Ch.

'Ba gheall le hiascairí a mbeadh gabháil tuinníní acu na Gréagaigh – iad ag sá agus ag bualadh fear le píosaí de mhaidí rámha agus le giuirléidí eile – le rud ar bith a bhí thart san áit. Bhí sianaíl agus cneadach ag daoine san fharraige gur tháinig an dorchadas agus gur ceileadh gach uile rud. D'fhéadfainn a bheith ag caint go ceann seachtaine agus ní bheadh deireadh ráite. Ach tá mé deimhin de rud amháin: ní fhacthas a oiread sin mílte daoine á marú cheana ar an aon lá amháin.'

— *Aescaileas* —

CLEASAÍOCHT CHOGAIDH

Ba ríthábhachtach an eachtra cath Salamis i stair na Gréige. Ní raibh ach 380 long cogaidh ag na Gréagaigh agus míle long ag na Peirsigh. Ba mhaille iad longa na nGréagach freisin ach bheartaigh Teimisticléas ar sheift. Lonnaigh sé longa na nGréagach sa chaolas idir oileán Salamis agus an mhórthír. Lig na Gréagaigh orthu féin go raibh siad ar tí éalú trí cheann amháin den chaolas, agus roinn na Peirsigh a gcabhlach ina dhá leath chun teacht rompu. Níorbh aon bhuntáiste do na Peirsigh an luas a bhí faoina gcuid long sa chaolas. Fearadh cath fuilteach agus cloíodh na Peirsigh. Bhuaigh na Gréagaigh dhá chath eile bliain ina dhiaidh sin – cath Plataea ar an mórthír agus cath farraige Mykale ar chósta na hÁise Bige. Chuir sin deireadh le hionradh na bPeirseach.

Mósáic. Is éard atá léirithe long bheag chogaidh agus reithe cogaidh fada gobach ar a tosach. Bhí an tsúil ceaptha cuidiú leis an long a bealach a dhéanamh.

TRÍRÉIM DE CHUID NA nGRÉAGACH

1 Hoiplíteach (coisí)
2 An bord mór
3 Iomróir
4 Casadhmad
5 Ceannrópa cnáibe
6 Ballast cloch
7 Cíle adhmaid (de chufróg)

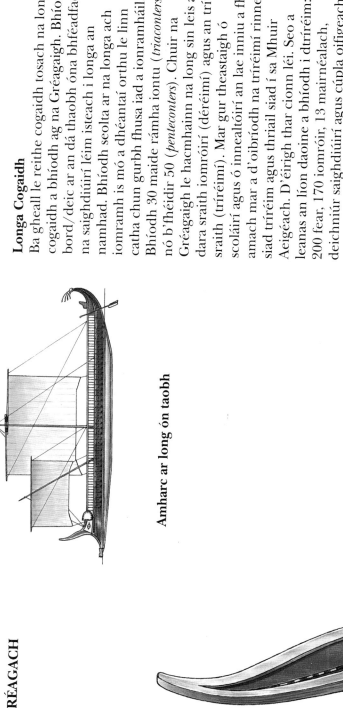

Amharc ar long ón taobh

Longa Cogaidh

Ba gheall le reithe cogaidh tosach na long cogaidh a bhíodh ag na Gréagaigh. Bhíodh bord/deic ar an dá thaobh óna bhféadfadh na saighdiúirí léim isteach i longa an namhad. Bhíodh seolta ar na longa ach iomramh is mó a dhéantaí orthu le linn catha chun gurbh fhusa iad a ionramháil. Bhíodh 30 maide rámha iontu (*triaconters*) nó b'fhéidir 50 (*penteconters*). Chuir na Gréagaigh le hacmhainn na long sin leis an dara sraith iomróirí (*déréimí*) agus an tríú sraith (*tríréimí*). Mar gur theastaigh ó scoláirí agus ó innealtóirí an lae inniu a fháil amach mar a d'oibríodh na tríréimí rinne siad tríréim agus thriail siad í sa Mhuir Aeigéach. D'éirigh thar cionn léi. Seo a leanas an líon daoine a bhíodh i dtríréim: 200 fear, 170 iomróir, 13 mairnéalach, deichniúr saighdiúirí agus cúpla oifigeach. Níor sclábhaithe iad na hiomróirí – ba ón *thetes* iad, an aicme ab ísle san Aithin nach mbíodh luach cultacha airm acu.

Bhí sé de dhualgas ar gach saoránach troid ar son an chathairstáit ach bhraitheadh a chéim san arm ar a shaibhre a bhí sé. An dream saibhir a mbíodh luach capaill acu théidís isteach sa mharcshlua. Iadsan a mbíodh luach cultacha airm acu théidís ina hoiplítigh (saighdiúir faoi arm trom). Théadh na daoine bochta ina mboghdóirí nó ina dteilgeoirí cloch.

NA HOIPLÍTIGH
Ba iad na hoiplítigh ba thábhachtaí in airm na Gréige. Seo a leanas na *hopla* (airm) a bhíodh acu: sleánna fada sáite, claíomh gairid, clogad agus cíor uafar air agus sciath chruinn throm. Dhéanadh na hoiplítigh sraitheanna díobh féin ar a dtugtaí *phalanx*. Choinnídís an tsraith thosaigh gan briseadh in aghaidh an namhad. Ní bhíodh le feiceáil ag an namhaid ach sraith sciath agus sleánna sáite os a gcomhair. Ar ndóigh, bhíodh gá le diantraenáil chun go mbeadh na hoiplítigh in ann smacht a choinneáil orthu féin.

Ní bhíodh sa troid féin ach scliúchas fuilteach. Dá sárófaí sraith ar bith b'fhurasta saighdiúirí aonair a mharú. An taobh a dteipeadh orthu an tsraith a choinneáil ina chéile mharófaí go leor de na saighdiúirí inti agus ar ndóigh bhí a mhalairt fíor freisin. Mar sin, bhíodh na saighdiúirí ag brath ar mhisneach a chéile fearacht mar bhídís ag brath ar ghnáthchiall a chéile maidir le riar na gcathairstát. Feictear dúinn, mar sin, go raibh baint ag iompar cogaíochta na nGréagach lena saol polaitíochta.

BUA GAN CHOINNE
Cuireadh an chéad triail ar na hoiplítigh nuair a rinne arm na Peirse ionradh ar an nGréig ach chloígh arm na hAithine na Peirsigh i gCath Mharatóin sa bhliain 490 R.Ch. agus thug an bua sin misneach do na Gréagaigh.

Ní bheadh marcach a bheadh gan diallait ná stíoróipí in ann ag coisithe ag a mbeadh sleánna agus cultacha troma airm agus gan aige féin ach claíomh.

Cheiliúir go leor de scríbhneoirí na Gréige an bua seo. Dúirt an staraí, Heireadótas, gurbh é an chéad uair é ar thug arm na Gréige ruathar reatha faoin namhaid. Ina fheartlaoi dúirt an file, Aescaileas, nár theastaigh uaidh ach go gcuimhneofaí air ach mar dhuine a throid i measc na gcoisithe i gCath Mharatóin.

THERMOPYLAE
Bhí bua na bPeirseach ar na Spartaigh in Thermopylae sa bhliain 480 R.Ch. ar comhthábhacht le bua mhuintir na hAithine i Maratón. Chloígh na Spartaigh sraith i ndiaidh a chéile de na Peirsigh; is amhlaidh a ligidís orthu féin go mbídís ag teitheadh lena n-anam ach thiontaídís ar an namhaid athuair nuair a leanadh na Peirsigh iad. Ar ndóigh, míorúilt a bheadh ann mura gcloífí na Spartaigh mar gur mhó i bhfad líon na bPeirseach. Ach chuir misneach agus fíochmhaireacht na Spartach go mór lena gcáil.

Is éard atá á léiriú sa dealbh rilífe seo an bandia Ataene agus í ag caoineadh laochra na hAithine a maraíodh i gcogaí.

COGADH CATHARTHA

Ach faraor, thosaigh cogadh cathartha idir an Aithin agus Sparta agus a gcuid comhghuaillithe ar an dá thaobh. Cogadh na Peilipinéise (431-404 R.Ch.) a thugtar air. Ní raibh aon chathanna móra ann. B'fhearr cabhlach na hAithine ná cabhlach Sparta ach ba laige a n-arm. Ar na deacrachtaí a bhí ag an Aithin bhí plá na bliana 430 R.Ch. a mharaigh an ceathrú cuid dá muintir. Faoi dheireadh chlóígh Sparta an Aithin sa bhliain 404 R.Ch. tar éis di cabhlach nua a thógáil le cuidiú airgid ón bPeirs.

Ainneoin gur mhór an cur amú airgid agus fear iad na cogaí idir na cathairstáit éagsúla leanadh díobh. D'fhág sin nach raibh na Gréagaigh i dtreoir nuair a tháinig bagairt eile aduaidh orthu.

Sheas na Spartaigh an fód in aghaidh 250,000 Peirseach i mBearnas Thermopylae ar feadh dhá lá. Ach faoi dheireadh thimpeallaigh na Peirsigh an 300 Spartach agus chlóígh siad iad bíodh is go ndearna na Spartaigh troid fhíochmhar.

IONTAIS SA MHACADÓIN

Ba é modh cogaíochta na hoiplíteach a chuir tús le ré órga na Gréige ach nuair a cumadh modh níos fearr cogaíochta sa Mhacadóin tháinig deireadh leis an ré sin. Sleánna 5 m ar fad a bhí ag coisithe na Macadóine agus bhíothas in ann línte na hoiplíteach a chloí sula ndéanfadh a gcuid sleánna siúd aon dochar. Bhíodh gá le mórchuid cleachtaidh chuige sin ach ba bheirt dhiongbháilte iad an rí Pilib na Macadóine agus a mhac Alastar. Bhí deireadh ag teacht le ré mhór na Gréige.

43

Mósáic Rómhánach í seo a fuarthas i bhfothrach Phompeii. Léiriú atá ann ar Alastar Mór agus é ar a chapall Bucephalus i gCath Issus sa bhliain 333 R.Ch.

Tar éis an ceathrú céad R.Ch. bhí smacht ag an Macadóin ar an nGréig. Ní raibh leathadh chultúr na nGréagach ach ina thús ag an am sin. Mar sin, agus an Ghréig ag meath ó thaobh na polaitíochta de, ba mhó an tionchar a bhí aici ar an Eoraip agus ar an Neas-oirthear ná mar a bhí aici riamh agus í i mbarr a réime.

ALASTAR MÓR

Mac le Pilib na Macadóine ba ea Alastar Mór. Ba ghinearál oilte uaillmhianach é Pilib a ghabh seilbh ar an nGréig nuair a bhí cumhacht na gcathairstát ag meath. Bhí an-mheas ag Pilib ar chultúr na Gréige agus ba é Arastatail, fealsamh, a d'oil a mhac Alastar. Chuaigh na scéalta faoi laochra na Gréige go mór i gcion ar Alastar óg. Nuair a rinneadh rí ar an Macadóin d'Alastar agus é in aois a fiche chuir sé roimhe an impireacht a leathadh. Tar éis dó éirí amach i stáit na Gréige a chur faoi chois chloígh sé formhór an domhain mar a tuigeadh é an uair úd agus leath sé an Ghréigis agus cultúr na Gréige chomh fada leis an India.

D'ionsaigh sé an Pheirs ar dtús agus chloígh sé arm an rí Darius i gCath Issus sa bhliain 333 R.Ch. Ó dheas leis ansin agus chuir sé léigear ar chathair Thioras agus ansin ar Ghasá. Ansin ghabh sé an Éigipt áit ar gairmeadh mac an dé Amon de.

Ansin chuaigh sé soir chun na hÁise as an Éigipt. Chloígh sé na Peirsigh den dara huair in Gaugamela agus chuir an dara bua sin deireadh le himpireacht na Peirse. Nuair a ghéill an Bhablóin b'fhurasta dó cathracha saibhre Shúsa agus Phersepolis a ghabháil.

Ar aghaidh leis gur ghabh sé an Phairtia; soir leis gur ghabh sé an Bhaictria agus isteach leis san India féin áit ar chloígh sé arm an rí Póras.

Chuir Alastar cathracha á ndéanamh in ómós dó féin ar feadh an bhealaigh a ghabh sé. Cathair Alastair a tugadh orthu go léir agus bhí siad leagtha amach ar nós chathracha na Gréige. Bhíodh teampall agus *gymnasium* iontu, agus inscríbhinní ó shaothar fealsúna Gréagacha breactha ar na foirgnimh phoiblí iontu.

Ba í an Bhablóin ardchathair impireacht Alastair Mhóir, impireacht a shín ón nGréig chomh fada leis an India. Bhí sé ar dhuine de na ginearáil ab iomráití a mhair riamh. Threascair a arm na Peirsigh agus chuir siad deireadh le réimeas Darius III, rí na bPeirseach.

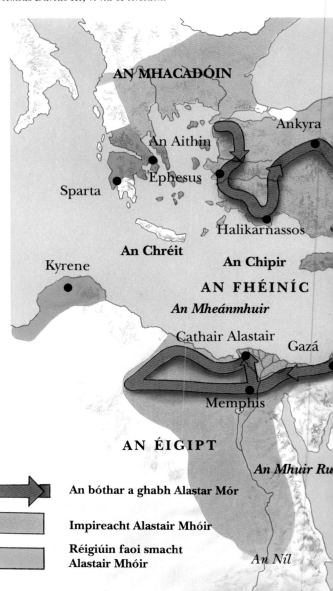

AN MHACADÓIN

Ankyra

An Aithin

Sparta

Ephesus

Halikarnassos

An Chréit

An Chipir

Kyrene

AN FHÉINÍC

An Mheánmhuir

Cathair Alastair

Gazá

Memphis

AN ÉIGIPT

An Mhuir Ru

An bóthar a ghabh Alastar Mór

Impireacht Alastair Mhóir

Réigiúin faoi smacht Alastair Mhóir

An Níl

BÁS ALASTAIR MHÓIR

Bhí a thuilleadh beartaithe ag Alastar, e.g. feachtas míleata san Araib. Ach in aois a tríocha trí dó tháinig an mhaláire air agus fuair sé bás. Tugadh an corp go dtí an Éigipt – go Memphis ar dtús agus as sin go Cathair Alastair – agus cuireadh i dtuama maisiúil é.

Tar éis bháis do Alastar Mór scoireadh an impireacht ina ríochtaí mar go raibh sí rómhór lena coinneáil ina chéile. Ach mhair tionchar thuairimí na Gréige go ceann i bhfad sna ríochtaí nua sin.

Ní raibh sa Róimh i gcaitheamh na tréimhse sin ar fad ach baile beag agus níor leath tionchar na Róimhe chuig oirthear na Meánmhara go ceann 200 bliain ina dhiaidh sin.

AN GHRÉIG INA CÚIGE

Chloígh arm na Róimhe an Ghréig tuairim is 140 bliain R.Ch. agus rinneadh cúige de chuid na Róimhe di. Mhair cultúr na Gréige, áfach, agus is amhlaidh a bunaíodh dealbhóireacht, péintéireacht agus litríocht na Róimhe ar eiseamláirí de chuid na Gréige, e.g. Aeinéid Virgil, cuir i gcás, eipic a insíonn scéal faoi laoch ag teitheadh ón Traoi díreach mar a bhí ag an nGréagach Hómar i dtaobh Odaiséas. Ach ba é an rud ba thábhachtaí a tháinig anuas chugainn ó na Gréagaigh ná an Tiomna Nua – bhí an Ghréigis ar cheann de na chéad teangacha inar scríobhadh an teagasc nua i ndiaidh bháis do Chríost.

Bhí an ealaín Chríostaí a bhí in Impireacht Rómhánach an Oirthir go mór faoi thionchar stíl ealaíne na Gréige.

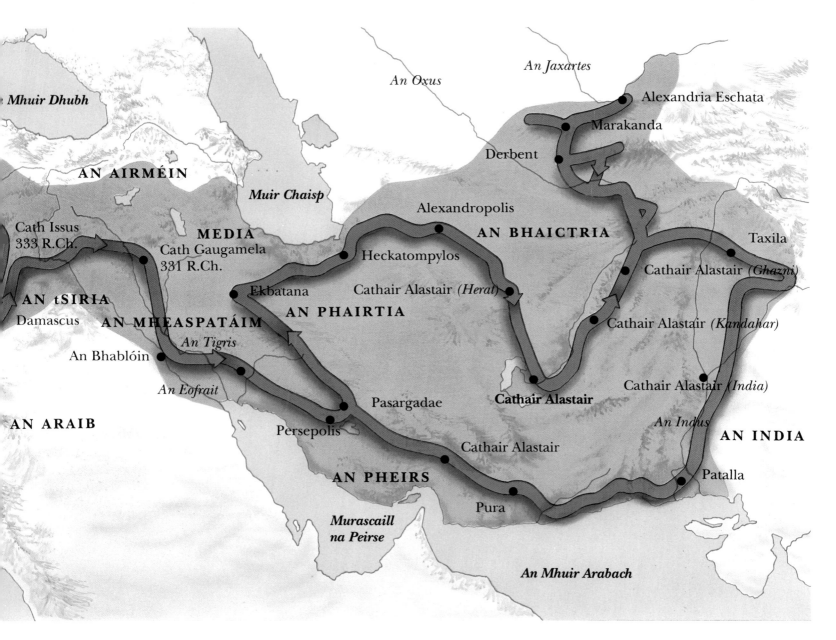

45

DÁTAÍ TÁBHACHTACHA / GLUAIS

Tús na Sibhialtachta sa Ghréig c.3000-800 R.CH.

3000–1450 Tús le sibhialtacht na Mionóch mar go bhfuarthas amach cén chaoi le copar agus stán a chur le chéile (Aois an Chré-umha). Bhí sibhialtachtaí eile tar éis an cré-umha a aimsiú freisin thart faoin am sin.

2000 D'úsáid na Mionóigh iaraiglifí (cineál scríbhneoireachta pictiúrtha)

1900–1400 Thóg na Mionóigh pálás Knossos mar lárionad an rialtais sa Chréit.

1450 Chuir brúchtcadh bolcáin in Thera deireadh le sibhialtacht na Mionóch; ghabh na Micéanaigh as an nGréig Knossos.

1400 Ba dhream cumhachtach faoin am sin na Micéanaigh

1250 Chuir ríthe na Micéanach léigear ar an Traoi; tháinig meath mall ar chumhacht na Micéanach.

1100–800 An Ré Dhorcha.

Trí radharc as an Odaisé le Hómar, ceann de na heipicí is mó cáil de chuid na Gréige. Sa chéad cheann (ar clé) tugann Odaiséas agus a chriú faoi fhathach na haonsúile (an Cioclóp) chun é a dhalladh ionas go mbeidh siad in ann éalú uaidh. Sa dara radharc (sa lár) tugann Odaiséas ar an gcailleach draíochta, Circe, na geasa a rinne muca fiáine dá chriú a scaoileadh.

An Ré Ársa c.800-500 R.CH.

800 Chum na Gréagaigh aibítear fhóinteach na Gréigise. Is dócha gur thart faoin am sin a scríobh Hómar a chuid eipicí.

776 Na chéad Chluichí Oilimpeacha ann

550 Bunaíodh Cathair Sparta

508 Bunaíodh an chéad rialtas daonlathach san Aithin

490 Rinne na Peirsigh ionradh ar an nGréig ach cloíodh iad i gCath Mharatóin

480 Cath mara Salamis inar cloíodh loingeas na Peirse

479 Fearadh cath Plataea inar chloígh na Gréagaigh na Peirsigh; scriosadh loingeas na Peirse in Mykale san Áise Bheag, rud a chuir deireadh le hionradh na bPeirseach.

An Ré Chlasaiceach c.500–336 R.CH.

443–429 Aois Pheiricléas – An Aithin i mbarr a réime

431–404 Cogadh na Peilipinéise idir Sparta agus an Aithin; Sparta a bhuaigh.

387 Bhunaigh Platón scoil fhealsúnachta san Aithin agus thosaigh sé ag scríobh sraith leabhar

354 Rugadh an staraí Gréagach Seineafón

An Ré Heilléanaíoch c.337–146 R.CH.

336 Alastar Mór ina rí ar an Macadóin agus chuir sé tús le feachtas buach aon bhliain déag in aghaidh na bPeirseach

336–330 Chruthaigh Alastar Mór an Domhan Héilléanaíoch, tréimhse inar leath cultúr agus tionchar na nGréagach. Mhair an tréimhse sin go ceann i bhfad i ndiaidh a bháis

333 Cath Issus inar chloígh Alastar Mór na Peirsigh

332 Ghabh Alastar Mór an Éigipt

331 Chloígh Alastar Mór na Peirsigh i gCath Gaugamela agus rinneadh rí na Peirse de.

323 Fuair Alastar Mór bás

323–321 Cogadh Lamia idir arm na Gréige agus arm na Macadóine. Cloíodh na Gréagaigh agus rialaíodh an Ghréig ón Macadóin

168 Chloígh na Rómhánaigh an Mhacadóin agus cuireadh faoi smacht na Róimhe í i dteannta na Gréige

146 An Ghréig ina cuid d'impireacht na Róimhe

Gluais

agora: áit fhairsing amuigh faoin aer i gcathairstáit na Gréige ina mbíodh margaí agus cruinnithe poiblí.

amfara: crúsca ar a mbíodh dhá ghreim. Choinnítí leachtanna – fíon, uisce, ola – ann de ghnáth agus uaireanta bia.

andron: seomraí na bhfear i dtithe na nGréagach. Is ann a bhíodh na cóisirí

boulé: an chomhairle a dhréachtaíodh na dlíthe le cur faoi bhráid na Comhdhála agus a leagadh amach clár oibre na Comhdhála. 500 fear a bhíodh sa *boulé* a roghnaítí go fánach – 50 fear as gach uile cheann de 10 dtreibh pholaitíochta na hAithine

Comhdháil: an chomhairle rialtais i gcathairstáit dhaonlathacha na Gréige. Bhíodh cead ag gach uile shaoránach a bheith i láthair ag cruinnithe na comhairle sin

daonlathas: córas faoina rialaíonn an pobal féin stát nó túr. Bhíodh cathairstáit na Gréige sách beag chun go bhféadfadh gach uile shaoránach a bheith i láthair i gcomhairle an rialtais

ostrokon: píosa de photaireacht cré. Bhí córas ag na Gréagaigh faoina bhféadfaí duine a dhíbirt as as gcathairstát dá vótálfadh 6,000 duine in aghaidh an duine sin. Scríobhadh na saoránaigh ainm an duine ar *ostrokon* agus dá mbeadh níos mó ná 6,000 vóta ina aghaidh dhéantaí é a dhíbirt as an gcathairstát go ceann 10 mbliana.

gynaikon: seomra na mban i dtithe na nGréagach

hetaira: bean a chuireadh siamsaíocht ar fáil ag cóisirí trí amhránaíocht, damhsa nó comhrá a dhéanamh

héalóta: sclábhaí de chuid Sparta; bhíodh diansmacht ag a gcuid máistrí orthu agus iad faoi réir i gcónaí ar fhaitíos éirí amach ag na héalótaí.

hoiplíteach: coisí a mbíodh culaith chatha throm air

phalanx: sraitheanna fear agus iad dlúite le chéile. Bhíodh a gcuid sciath agus a gcuid sleánna rompu amach mar a bheadh balla dosháraithe

polis: cathairstát de chuid na Gréige

prytany: coiste stiúrtha na comhairle an *boulé*. 50 fear a bhíodh air ó cheann de dheich dtreibh – de réir na polaitíochta de – na hAithine

saoránach: saorfhear fásta a bheadh ina chónaí ina chathairstát dúchais féin sa Ghréig

Tholos: áras cruinn in aice leis an *agora* ina gcruinníodh an *prytany*. Chaithidís a gcuid béilí ann agus chodlaídís ann go fiú

tríréim: long chogaidh ar chuir na Gréagaigh dhá shraith bhreise iomróirí léi chun í a threisiú. Bhíodh 170 iomróir agus 200 fear san iomlán inti

Sa radharc deireanach (ar deis) éisteann Odaiséas le ceol sí na Síréanaí, ceol a mheallann mairnealaigh gan teip chun a scriosta. Tá sé tar éis cluasa a chriú a líonadh le céir bheach ach tá sé féin, an laoch, ceangailte go docht de chrann na loinge ionas nach dtig leis iallach a chur ar an gcriú seoladh faoi dhéin na tubaiste.

INNÉACS

FOCLÓIRÍN

Abhcóide *advocate, barrister*
aclaíocht *exercise, agility*
acmhainn *resource, to afford*
áirgiúil *spacious, well-appointed*
aitheascal *oracle*
allmhairiú *import (goods)*
ambróise *ambrosia*
arrachtach *monster*
aturnae *attorney*

Beachaireacht *beekeeping*
beadaí *dainty (food), fastidious*
boghdóirí *archers*
bréag-ghalántacht *affected elegance*
breathnóireacht *observation*
buaic *highest point*

Cabhlach, *fleet, navy*
clárlann *registry office*
caidreamh *contact, association*
caimiléireacht *fraud*
caolas *strait (sea)*
caolú *dilute*
cinniúint *fate*
cogaíocht *warfare*
coibhneas *proportion*
coigeal *distaff*
coilíneacht *colony*
coimhlint *compete*
cóireáil *treatment*
coiréal *coral*
coiste stiúrtha *steering committee*
comharthaí sóirt *description*
comhdháil *conference*
comhghleacaí *colleague*
comhghuaillíocht *alliance*
comhthuiscint *understanding*
conablach *carcass*
corpoiliúint *physical training*
críochnúil *thorough*

Déantán *artifact*
deasghnáth *ceremony*
deilf *dolphin*
díláithrigh *displace*
dingthe *compact, diongbháilte resolute, steadfast*

dronuilleach *right angle*
dúchasach *native*

Eachtrach *foreign*
eachtrannach *foreigner*
éigeandáil *emergency*
eisceacht *exception*
eiseamláireach *exemplary*
eiteán *spindle, bobbin*

Fáinní fí *never-ending cycle*
fáisceán *press (machine)*
fáistine *prediction*
fallaing *cloak*
feachtas *campaign*
fealsamh *philosopher*
feidhm *function*
feidhmeach *applied, functional*
feidhmeannach *executive*
feistiú insuite *inbuilt fittings*
filltíní *crease, wrinkle*
fine *race, tribe*
fíodóireacht *weaving*
fisiceoir *physicist*
fóinteach *useful, practical*
foirfeacht *perfection*

Gábh *danger, peril*
gaibhne *blacksmiths*
gaibhneacht *smith's work, forging*
ganfhiosaíocht *secret, surprise*
gearg *quail*
geilleagar *economy*
grinneall *sea-bed*
gustalach *wealthy*

Héalóta *helot*
Heilléanaíoch *Hellenistic*
hoiplíteach *hoplite*

Íaraiglifí *hieroglyphics*
iarsmaí *remains*
ilfheidhme *multipurpose*
imeachtaí *events, proceedings*
íobairt *sacrifice*
iomaíocht *competition*
iomaitheoir *competitor*
iomrascáil *wrestling*
iomróir *oarsman, rower*
ionradh *invasion*

Leacaithe *flattened*
learg *side of hill*
léibheann *terrace*
líon *flax*
lúthchleasaí *athlete*
lúthchleasaíocht *athletics*

Maoithneach *sentimental*
miondíoltóir *retailer*
mionlach *minority*
moing mhear *hemlock*
moirt *dregs (fíon)*
moltóireacht *refereeing*
mórdhíoltóir *wholesaler*
mórshiúl *procession*
murlán *knuckle-bone*

Neachtar *nectar*
neamhspleáchas *independence*

Oidhreacht *heritage*
oigheann *oven*
olagarcacht *oligarchy*

Peirspictíocht *perspective*

Radharca *scenery*

Saolach *longlived*
saoithiúlacht *learning, wisdom*
scaoilteog *wrapper (garment)*
seandálaí *archaeologist*
seandálaíocht *archaeology*
siamsaíocht *entertainment*
sibhialtacht *civilization*
sochaí *society*
soineann *good weather*
suáilce *virtue, goodness*

Taidhleoireacht *diplomacy*
taipéis *tapestry*
tairngreacht *prophecy*
teagmháil *contact*
teilgean *project*
teilgeoirí *throwers*
tionlacan *accompaniment*
tírdhreach *landscape*
toirt *volume*
tuirne *spinning-wheel*

Uafar *dreadful, horrible*
uaillmhianach *ambitious*
urrúnta *strong, robust*

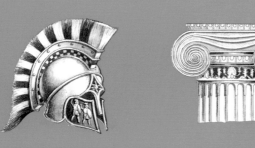